青蓝和谐

杨浦小学教育文化的回眸与展望

李　忠◎著

上海教育出版社
SHANGHAI EDUCATIONAL
PUBLISHING HOUSE

序

1999 年，杨浦小学建校。时光荏苒，我未曾想到与这所学校的故事竟也可追溯至三十多年前了。建校伊始，学校就确立了"平等、尊重、服务"的立校宗旨。学校"求真、务实、开拓、创新"的办学氛围一直在感染、激励着我。时至今日，我也说不清究竟是我影响到杨浦小学，还是杨浦小学成就了如今的我。说实话，我从未如此急切地盼望过这本书的出版，或许是因为这本书中包含着我从教数十年来的所思所想，也或许是因为书中的每章每节都印证了几十年来我经历过的过往。此外，这本书中有很多令我感慨的内容，如学校始终精心营建的"青蓝工程"成就了目前杨浦小学的优秀教师团队，至今仍在创建中的"扬帆谱梦"学校课程体系让孩子们快乐成长，教师们正在全力实践的小班项目、数字化深度学习的创智课堂提升了他们的专业素养，"立德树人、五育并举"让每个孩子都能全面而富有个性的发展……这些实践成果互相映照、互相渗透，结成教育改革之举的经纬之网，不仅勾勒出了学校这几十年间的发展路径，也验证了杨浦小学的办学宗旨。这本书展现出一个鲜活的杨浦小学，让读者们清晰地看到学校过往征程中所取得成就。

杨浦小学的发展之路并不是一帆风顺的，经历了创办、停招、迁址等变革，但我们却一直青蓝相继、薪火相承。现如今，李忠校长带领着一个热忱踏实的教师团队，心中始终牢记的仍是立校之初我提出的"知行并举，德艺兼修，人格完善，乐观进取"的教育理念。师生们在充满文化氛围及人文关怀的校园里舒展生命，收获一笔笔终生受益的莫大财富。杨浦小学的学生能够常怀谦逊、感恩之心，做到"春风化雨，牢记师恩"，这也正是我们所期盼的"青出于蓝而胜于蓝"的教育愿景。

多年来，杨浦小学本着一切从学生生命发展出发的原则，坚持高位规划，有序实施，从大处着眼、小处抓实，确立了学校发展的共同愿景，开发精品特色课程，依托高校及社区，不断提高教育教学质量，赢得了家长的好评和社会的认可。在学生眼中，老师无疑是一座学术与道德的丰碑，激发出学生无尽向上的力量。这种崇敬与爱戴之意促使学生在学习上相互砥砺，不断克服思维的惰性，积极进取，勇攀高峰。我想，这正是得益于杨浦小学质朴、淳厚、认真踏实的作风。

提笔至此，仍不免感慨这一段数十年的心路，我们共同的努力在影响着杨浦小学，杨浦小学也在深深地造就了我们。确立一种新的教育形态是需要有巨大的勇气、创造性、智慧和能力的，让我们为此而努力吧！

张 治

（上海市特级校长、杨浦小学教育集团原理事长、杨浦小学原校长）

2021 年 3 月

前　言

　　"青，取之于蓝而青于蓝；冰，水为之而寒于水。"《荀子·劝学》中的这句名言的核心便在于"青蓝"观念。于"青"而言，《释名》曰："青，生也。象物之生时色也。""青"中便暗含着年轻、生涩之意，常让人感受到一种生机盎然之感。至于"蓝"，《说文解字》曰："蓝，染青草也。"即用以制作靛蓝染料的数种植物的统称。荀子用青与蓝、冰与水的关系来说明后生可畏的道理。杨浦小学校徽的设计理念便承自此处，将这种弟子胜于老师、后辈优于前辈的期望作为对学生的希望和勉语，鼓励学生们用功学习，坚持不懈地努力，使得这个世界不断前进。仔细看来，校徽青蓝的底色凸显了我校正着力打造的青蓝文化，也衬托出杨浦小学这片求知天地的宽广与深邃；绿色象征健康，令人们想到了春天般的生命活力和勃勃生机；黄色象征懂事，传承着悠悠中华五千年的文明；蓝色象征聪明，鼓励学生们乘风破浪，扬帆远航。绿、黄、蓝这三个不同色彩的人物造型畅游在蔚蓝的云天，彰显了青蓝文化中"梦想""活力""创造"的精神内核，彰显了杨浦小学少年健康、懂事、聪明的可爱形象。色彩的延伸喻指杨浦小学追求发展、追求超越，"青出于蓝而胜于蓝"的办学愿景。

　　孔子说："后生可畏，焉知来者之不如今也？"杨浦小学的教师团队热忱踏实，心中始终牢记"知行并举，德艺兼修，人格完善，乐观进取"的教育理论，开拓创新，突破自我，让学生在充满文化氛围与人文关怀的校园里舒展生命，收获一笔足以终生受益的莫大财富。荀子虽然肯定了"青出于蓝"的可能性，却也提出了它实现的前提是"学不可以已"，在学生超越老师的过程中，这是不可或缺的重要因素。所以，杨浦小学非常强调学生能够摒弃浮躁的习惯，常怀谦逊、感恩之心，春风化雨，牢记师恩，这才应该是"青出于蓝"的境界。

回望这几十年的建校历程，可以说是一直顺顺利利、平平稳稳的，这大概是得益于杨浦小学朴实厚道、认真踏实的作风，它保护了我们心中珍视的那些温润又坚定的事物。

刘克庄自信地说："吾文谁道难施用，后有中郎赏断碑。"而这种自信，我是没有的。

是为序。

李　忠

目 录

第一章

"青蓝和谐"校园文化

　　《荀子·劝学》有云："青,取之于蓝而青于蓝;冰,水为之而寒于水。"句中的"青"意为靛青,即深蓝色;"蓝"意为蓝草,是用于制作靛蓝染料的数种植物的统称。于是,我们可以轻易理解原句的含义,即青从蓝草中提炼出来,但颜色比蓝草更深;冰是由水凝结而成,但比水更冷。荀子用青与蓝、冰与水的关系来暗喻师生关系。若学生能坚持不懈地努力,用心钻研学问,一定能比他的老师更有成就。杨浦小学倡导的"青蓝和谐"的校园文化便源于此,它表达了对师生关系的辩证认识和美好愿景。

第一节
以人为本：青蓝和谐的发展价值观

一、青出于蓝，和谐共生

为了使青蓝文化渗透进杨浦小学的管理体系中，成为学校校园文化的一部分，进而促进老师和学生这两个主体的发展，学校从顶层设计开始便着力将青蓝文化融入其中。基于不同主体的特征，学校系统地构建出管理架构，探寻适切的实施路径，鼓励教师充分考虑课程内容，密切结合学生的个性特征来设计课程实施的方法，使教与学的过程不仅能充分满足学生个性化发展的需求，还能充满趣味、智慧与思辨。具体来说，杨浦小学的"青蓝文化"主要体现在两个方面：一是学生与教师的教学相长，二是新手教师与成熟教师的相互促进。

（一）教学相长：学生对教师成长的助力作用

学校教育的主体是学生和教师。我们认为，杨浦小学的学生是"青"，教师是"蓝"。具体来看，小学是一个长身体、增知识的阶段。小学生由于年龄和认知的特点，心智尚不成熟，需要教师的全面呵护和精心关照。教师拥有成人的认知水平和专业的素养，尤其对学生的身心发展规律和认知发展特点有着科学的认识。教师的主要职责即韩愈《师说》中所言"传道授业解惑也"，以培养"全面发展的人"为核心，有目的、有计划地从文化基础、自主发展、社会参与三个方面培育学生的素养。

在杨浦小学，学生与教师应是教学相长的关系。《礼记》曰："是故学然后知不足，教然后知困。知不足然后能自反也，知困然后能自强也。故曰教学相长也。"教与学是相互促进、共同发展的。在当今信息爆炸的互联网时代，小学生并不是一无所知，教师也并非全知全能。学校里的教学早已不是简单的教师向学生传递知识的过程，而是师生"教"与"学"有机融合的互动过程，是教师进行教授、引导，学生进行接收、消化、吸收，教师发挥主导性和学生发挥主体性的有机融合的互动过程。作为教育教学活动中的组织、引导、督促者，当代教师的主要职责是充分调动学生的自主性、能动性和创造性，辅助学生有效地习得知识、技能和观念，完成主动建构知识的过程，形成相互合作、相互成就的关系。

（二）相互砥砺：新手教师对成熟教师的促进作用

教师是学校发展的基础。我们认为，杨浦小学的新手教师是"青"，成熟教师是"蓝"。

新手教师是学校师资队伍中的新鲜血液，是教学创新的生力军。他们的优势主要有二：一是年富力强，知识结构新，思想观念超前，学习新事物的能力强，相比中年教师，更易与学生交流、沟通；二是普遍学历层次高，学术视野广，专业知识新，科研能力强，现代教育技术应用自如，与新时代接轨适应度较高。但由于刚走出大学校门，从学生到教师的角色转换需要时间，新手教师在教育教学中也存在明显的不足，如面对复杂的教学现象，缺乏敏感度与判断力，教学应变力弱，往往难以因材施教；沉溺于刻板的教育理论，难以理论联系实际，不能按需独立地制订并实施教学计划。因此，他们是学校师资队伍中的"青"。

成熟教师是学校师资队伍中的顶梁柱，是教学实践的保障队。他们的优势主要有二：一是拥有丰富的教学经验，对学生和家长的理解力、对教育环境的掌控力强，能根据教育教学突发现象，迅速调适自己的行为并采取合适的应对措施；二是具备成熟的教育观和方法论，对教材、考纲、政策等的解读力强，对教育教学更加得心应手。但这并不意味着成熟教师是完美无缺的，如在面临创新求变的学校教育改革时，他们需要更多适应和学习的时间，甚至个别易产生抵触情绪：沉湎于旧的教育手段和教学方法，难以接受新的变革。因此，他们是学校师资队伍中的"蓝"。

在杨浦小学，新手教师与成熟教师应是相互促进的关系。成熟教师可以帮助新手教师更快地明确教育教学的方向，掌握教育教学的原则、规律，促使新手教师快速成长；新手教师则在向成熟教师模仿、学习的过程中，拓展教学经验，积极发挥创造力，从而实现新老教师共同跨越式专业递进，最终达到超越自我、相互促进的目标。

习近平总书记曾指出一个人遇到好老师是人生的幸运，一个学校拥有好老师是学校的光荣，一个民族源源不断涌现出一批又一批好老师则是民族的希望。杨浦小学所倡导的"青蓝和谐"的理念，正是希望能够为师生的健康成长提供一个宽广的发展空间。

二、以人为本，和谐管理

《论语·子路》有云："君子和而不同，小人同而不和。"可以说，这句话代表的是中国古代早期"和谐"理念的萌芽。所谓的"和而不同"，描述的便是事物的对立统一，即具有差异性的不同事物的结合、统一共存。这种理念与西方的"和谐"理念是相通的，并影响至今。今天，我们所理解和倡导的"和谐"，是指对自然和人类社会变化、发展规律的认识，是人们所追求的美好事物和处事的价值观、方法论。

杨浦小学提出的"青蓝和谐"的理念是建立在辩证唯物主义和谐观的基础之上的，认为不同事物之间相辅相成、相反相成，能够互促互补、共同发展。"以人为本，和谐管理"内涵主要体现在以下三点：

（一）统一思想，共享理念

理念是学校建设的灵魂与导向，虽然抽象无形，却影响深远。杨浦小学强调的核心理念正在于"以每个学生的个性化发展为本""以教师个体的发展为本"。

为了促进理念共享，我们采取了多种多样的途径，如借助各级各类的教育教学研修活动、专家讲座、案例研讨等形式，助力教师与时俱进，提升认识；每学期，为教师推荐当代教育思潮，如核心素养、深度学习、教育观、学生观等焦点话题的论著,引导教师转变、更新教育教学观念,等等。通过浸润式学习与实践,使"以每个学生的个性化发展为本"的办学理念深入每一位师生的内心,从而帮助他们获得更大的成长。

(二)制定规范,协同推进

我们常常认为,以校长为核心的学校管理者和以教师群体为主体的被管理者是一种对立的关系。但是,学校管理若"以人为本",可以把这两者对立的关系,变成相辅相成、相反相成、互促互补、共同发展的关系。"以教师个体的发展为本""以每个学生的个性化发展为本"的办学理念可以激励师生以积极的心态和开拓的精神努力探索和大胆实践,可以引领师生实现共同的、共享的学校发展愿景。这就是杨浦小学的和谐文化。因此,为了最大限度地发挥其作用,我们对学校原有的内部机构进行调整,采取分工合作的管理方式,以整合人力、物力资源,并组建"校长负责——主管部门牵头——学校中层分工"的管理体系,对各条块、各年级的教育教学进行统筹规划。

成立"校长办公室",制订相应的制度规范和岗位职责。组建学校管理团队,以便总揽全局、沟通上下、联系内外、协调各方,确保学校管理工作正常有效运行。

成立"教师发展部",管理教师专业发展各项事务,如负责教师职后培训,新教师规范化培训,教师发展等级认定,各级各类教师进修,新教师的实习、招聘,教师年度考核等流程性工作,倾力为新教师的成长实施"青蓝学堂"发展计划,让新教师在"青蓝学堂"教并快乐着,学习并成长着。

在工作管理上,学校教导处根据三年发展规划和年度工作计划,在每学期初,制订具体的、可操作的工作计划,组织教导处长、年级组长、教研组长对其进行学习理解,并要求结合学校教学工作计划的主要任务,制订自己教研组的工作计划。每学期期中和期末,教导处针对教学过程中存在的问题和实施的亮点,进行及时总结并推广经验。

在课程建设上,学校每年按照上海市教育委员会的相关文件、课程计划,制订杨浦小学课程总体方案。首先,在校务会议上,认真学习领会上海市教育委员会的课程计划及说明,把握方向和准则;其次,分析我校原有基础,挖掘新的课程资源,对原本不合理的、低效率的课程体系进行重组,制订学校总课程方案;再次,各管理层级完善配套课程方案,制订具有指导性、操作性的各类课程实施方案,各职能部门和全体教师共知、共识学校的规范,并依规自觉执行。

(三)确定目标,持续发展

李岚清在《李岚清教育访谈录》中谈到办学思路时说:"办学就是要'抓住强项,办出特色'。"基于素质教育的全面渗透和课程改革的不断深入的背景,杨浦小学围绕着"教育个性化、理念创新化和办学特色化"的主题,秉承保护学生天性、尊重学生个性、培养学生社会性、启发学生思维的教育目的,强调师生的互育、自育及同步发展。杨浦小学不仅是杨浦区的一所中心小学,也是上海市小学整体改革实验校。自2009年从河间路迁建至安波路以来,学校进入高速发展的阶段。杨浦小学一贯坚持着"以每个学生的个性化发展为本"的教育理念,逐渐凝练出了"立人为本,成志为学,科学施教,全面育人"的发展目标。

1. 学生培养目标

杨浦小学坚持"平等、尊重、服务"的立校宗旨,崇尚求真、务实、开拓、创新的校风,推行"精、实、新、活"的优良教风,以便培养以"懂事、聪明、健康、可爱"为突出特质的德、智、体、美全面发展的新时代小学生。

杨浦小学在细致深入地研究了小学生的年龄特点和学习心理后,提出了"健康、懂事、聪明、可爱"的学生成长目标。"健康"是指身强体健,身心愉悦,心理健康;"懂事"是指尊敬师长,团结同学,体恤父母;"聪明"是指好学乐知,善于思考,有创造力;"可爱"是指品质高尚,性格完善,善良乐观。

2. 教师队伍建设目标

杨浦小学要求教师要成为一名可敬、可亲、可信、可学的富有专业素养的教师。"可敬"是指教师师德高尚，作风优良，受人尊敬；"可亲"是指教师关心学生，富有爱心，有亲和力；"可信"是指教师为人正直，知识丰富，有公信力；"可学"是指教师知识渊博，教法纯熟，专业素质强。

学校先进的办学理念、卓有成效的素质教育模式、丰富深厚的实践经验、综合全面的高质量教育，赢得了社会各方面的高度认可，更得到了教育界广泛的赞誉。

第二节
一路走来：二十年发展大事记

校园文化是指在小学特定的育人环境中，学校全体师生员工在长期的办学过程中培育形成并共同遵循的最高目标、价值标准、基本信念和行为规范，是以学校组织为领导，以师生为主体，以学生为核心，以课外文化活动为主要内容，以校园为主要空间，以校园精神为主要特征的一种群体亚文化。杨浦小学的"青蓝和谐"校园文化是其素质教育的重要组成部分，它不断滋养着师生的心灵，不断助力学校积极进取，创新实践。这种文化的基调是"人"，核心是"素质教育观"，原则是"灵活、多变的基础性管理"。在此文化基础上，通过开展丰富多彩的课余文化生活，如读好书活动、组织读书报告会、读书征文比赛、普通话比赛等，提高学生思想道德素质和科学文化素质，促进学生全面发展。

一、奠基期：回顾过往，追溯办学的初心

依托历史悠久、文化繁荣的国际大都市——上海，杨浦小学自然非常重视校园文化的建设，力求创造和谐的校园文化氛围，让每个孩子在优美、积极的环境中快乐地成长。

对于一所学校而言，创建后的头十年是非常珍贵的。前人在此时期积淀下来的教育资源、教育历史以及教育思想，往往奠定了这所学校深厚的人文底蕴。自 1999 年作为一所公办中心小学成功揭牌起，杨浦小学就继承和发扬了传统教育中的闪光点。在当时不甚充沛的物质条件下，杨浦小学始终坚持和实践着教育平等的理念，使得才华横溢的老师和一心向学的学生们都能得到展示自身魅力的舞台。在这一阶段，杨浦小学认真教学，关注每个个体，致力于培养心理健康的学生。回顾这些激动人心的过往，我们发现，正是校长和老师们的努力，才使得杨浦小学发展得越来越好。

当然，发展的过程中也充满着挑战。2006 年，因民办阳浦小学建校，杨浦小学因此而出现了三年的空窗期，停止了招生。

二、发展期：把握机会，机遇与挑战并存

2009 年 8 月，杨浦小学恢复了招生，并从河间路迁建至安波路。该校址占地面积约 13027 平方米，校园绿化覆盖率达到 30.5%，专用教室 20 个，体育场馆设施先进，功能完备。虽然有了独立的、全新的校舍，但学校的教师却几乎留在了民办阳浦小学，骨干教师资源更是匮乏。由于缺乏师资，空有一块"杨浦小学"的牌子，杨浦小学需要从零开始。

不过，这些困难都没有击倒杨浦小学的校长。他将校园文化的建设与创造良好的环境相结合，通过整合资源，逐渐打造出学校的精品课程，构建起校园文化网络。又是十载春秋，潜心铸剑，杨浦小学成为了上海市学生核心素养培育实验基地校。如今的杨浦小学设有 20 个教学班，开设上海市教育委员会规定的基础性课程 9 项、学校自主开发拓展性课程

45 项、探究性课程 2 项。在老师的指导下，学生积极参与市区举办的各类活动，在活动中学会学习；积极参与各项公益活动，在活动中学习做人。值得注意的是，随着课程改革的推进，学校充分关注到孩子的兴趣爱好、个性品质，逐渐建立起完善的课程体系，打造出适合每一个学生的课程，让学生能够有更广阔的自主发展空间。经过多年的努力，杨浦小学的办学取得了显著成效。

此外，杨浦小学也积极开展教师梯队建设，初步形成了围绕骨干教师、层级分明、具有优秀专业素养的教师队伍。一方面，学校注重师资储备，现有专职教师 68 人，其中中学高级教师 5 名，小学高级教师 29 名；具有本科以上学历的为 68 人，其中 7 人为研究生，6 人研究生在读；现有区级学科带头人、骨干教师共 9 人，教师队伍年轻，充满活力。此外，学校积极实施国际化战略，为教师提供丰富的国际交流的机会，现已与英国、爱沙尼亚、美国、印度尼西亚等多个国家的学校和教育机构建立了交流关系。另一方面，学校重视与高校合作开展教育科研，近年来，共确立 15 项课题，其中 1 项为国家立项课题，3 项为市级立项课题，其余为区级立项课题。就教师个体而言，其课题参与率达到 100%。此外，学校获全国、上海市、区级以上荣誉称号奖项达 62 项，并在各级各类比赛中屡获佳绩。

表 1-1　2009—2019 杨浦小学所获荣誉

国家级荣誉	市级荣誉	区级荣誉
《小学管理规程》实施基地校 中国创造教育专业委员会实验基地	上海市文明单位 上海市中小学行为规范示范校 上海市家庭教育示范学校 上海市依法治校示范校 上海市花园单位 上海市社会治安综合治理平安校园 上海市城市学校少年宫 上海市少先队示范队室	中小学德育工作先进集体 区"生命教育一体化"情绪基地核心校 首批教师专业发展示范校暨见习教师规范化培训学校 教育系统平安校园建设工作优胜单位 艺术、科技教育特色项目学校

国家级荣誉	市级荣誉	区级荣誉
		区体教结合工作优胜集体 区学校食堂食品安全规范化管理达标单位 教育系统先进党组织、教育系统五好班子 学校体育场地向社会开放工作先进单位 非物质文化遗产进校园活动试点校

　　这些荣誉见证了杨浦小学在迁址办学后走过的路途，同时也为此后学校的进一步发展打下了坚实的基础，助力杨浦小学走得更快、更远。

三、腾飞期：抓住时机，推进信息化教学

　　随着时代的变迁、环境的改变、教育者及受教育者需求的不断提高，教育领域迎来了深刻的变革——新的教学方法不断涌现，新的教学手段如多媒体、互联网等也被广泛使用。为了更好地促进学校的发展，杨浦小学在小班化教学的基础上，以参与教育为基本策略，以探究学习为主攻方向，以信息技术为有效手段，以新课程建设为新的生长点，努力把学校办成具有科学的教育理念、优秀的教师队伍、先进的教学设施、优美的校园环境、一流的办学质量的现代化学校。

　　为了达成这一宏伟的目标，学校将信息化教学的目标全面渗透至管理、教学、德育、校本科研、环境建设等各类活动之中，并在教育信息化方面取得了多项成绩。随着青年教师的逐渐成熟，这股青春力量成为学校教育信息化工作的先行者。学校紧紧抓住区域内"创智云课堂"的试点机遇，积极申报，争取到了试点校的名额，在日常教学中实现教育信息化。随着实践经验的不断积累，杨浦小学不断创新教育思路，积极鼓励青年教师围绕"新

教学、新技术、新理念"的宗旨，尝试对教法进行创新。在青年教师们的认真努力下，杨浦小学奋起直追，创新超越，开启了云课堂、云教育的科研之路。云技术在教育教学中的应用并不是一蹴而就的事情，在这段追赶的过程中，我们深切体会到，它的背后需要凝聚的是全校教师的努力和智慧。为了更好地抓住信息化的契机，杨浦小学将把未来的工作的重心转移至以下几个方面：

（一）明确任务，完善管理机制

在开展信息化校园建设的过程中，杨浦小学校领导充分认识到了校园信息化建设的重要性。例如，杨浦小学充分发挥学校现有的信息化措施，注重引导教师把信息技术与学科教学相融合，注重提高全校师生的信息素养和应用能力，努力打造高效实用的信息化教育资源课堂。通过教育信息化，努力促进学校各项工作的持续、协调发展，把我校建成有自身特色、区内有影响的信息化特色学校。

（二）在培训实践中提升教师业务能力

教师是学校信息化工程实施的关键，要积极开展面向教师的信息化教学培训，基于校本，多元拓展，促进教师信息技术能力的发展。在未来，杨浦小学将通过专业培训、校本培训和外出学习三种方式，有计划地实施分层培训。学校教务处将组织教师观看相关技术运用的课堂实录，引导教师多在教育教学实践中应用信息化技术。在培训中，我们注重提升教师通过网络高效地获取有效资源的能力，不断提高教师自身的信息技术素养，从而满足学生的实际需求。

（三）提高教师信息化应用能力

为了更好地推进信息化教育，杨浦小学定期开展聚焦课堂的教师教学展示活动，并将相关资料上传到网络，供网络教研之用。通过这样的互动互助，教师们在分享他人成果、表达自我经验的同时取得进步。在未来，学校准备将更多的网络技术应用于日常教学中，并举办与多媒体课件和电子教案设计相关的竞赛活动，提升教师熟练运用微信、钉钉及相关的云技术解决教学中遇到的问题的能力。

（四）明确各年龄段教师的信息化技术发展指标

为提高各年龄段教师信息化教学水平，我们设定了不同年龄段教师的发展指标：35 岁（含 35 岁）以下的教师，熟练掌握计算机知识和多媒体课件应用的同时，进行一次校级教学研讨课展示和一次校级信息技术技能展示或交流，上交 3—5 个课件及教学设计，上交一篇相关论文或教学反思；36—45 岁（含 45 岁）的教师，每年参与一个小课题研究，进行一次校级教学展示，上交 2—3 个课件及教学设计，上交一篇相关的论文或教学反思；45 岁以上的教师逐步熟悉信息技术设备的使用，观摩教学研讨课，参与信息技术与教学整合应用展示或交流，参加一个课题研究，上交一篇相关的论文或经验总结等。我们想通过明确的各年龄段教师发展指标，来提高工作效率，力争尽快建成数字化的校园环境。

为了及时跟进时代的步伐，保障杨浦小学信息化教学的顺利推进，学校未来的工作重心将放在继续完善各项规章制度，加强制度的落实与检查，加强网络管理等方面，通过多种有益活动，使学生在浓郁的文化氛围中学知识、练本领，提高综合素质，并为一线教师提供充分应用现代教育技术手段的硬件环境，初步形成校园数字文化氛围。

第三节
以规励人：学校制度的规范、保障与激励

《管子·法法》有云："置法以自治，立仪以自正。"制度是规范人们行为、保障人们生活、约束人们私欲、激发人们劳作积极性的重要工具。在学校里，一旦校园秩序混乱，学生就会无心学习，如同社会动荡，人们就会无心生产一般。因此，校规便具有防微杜渐之功效。杨浦小学高度重视学校规章制度的建设，这样才能通过依法治校创造良好的育才环境，促进学校走向规范化管理道路。

不过，校规并不意味着制约学生的发展，而是要在学生身边设立一根无形的线，让他们在恰当的范围内发展，不至于越过雷池。基于这个认知，杨浦小学形成了其独具特色的依法治校教育理念，并构建了制度体系。

一、加强组织领导，优化依法治校的工作机制

（一）学校校务班子成员率先加强学习

领导班子和中层人员通过行政会、中心组，开展对《国家中长期教育改革和发展规划纲要（2010—2020年）》《教育部关于印发〈全面推进依法治校实施纲要〉的通知》《教育部关于印发〈依法治教实施纲要（2016—2020年）〉的通知》《上海市教育法治建设"十三五"规划》等依法治校相关文件精神的学习。

（二）加强依法治校领导小组的建设

组织建设是开展依法治校工作的根本保证。开学初，学校召开领导小组成员会，回顾总结上年工作，找出与示范学校的差距，制订当年依法治校工作计划，把依法治校工作摆上重要议事日程，做到依法治校工作与学校各项工作同计划、同实施，并把目标任务分解到学校各个部门和具体人员，确保依法治校工作有人抓、有人管，做到各司其职、各负其责，形成一级抓一级、层层抓。

（三）发挥依法治校各项目工作小组的功能

在依法治校领导小组的推进下，工会、家委会、大队部、综合治理部等各部门一起开展工作，发挥了重要作用。长期以来，我们和五角场派出所共建合作，开展法治宣传讲座、法治体验活动等各项法治教育普及工作；我们还聘请顾剑栋律师担任学校法律顾问，聘请陈厚伟警官为校外法治辅导员。

二、建章立制，完善依法治校管理

（一）构建完备的学校制度架构

在建立和完善学校各项管理制度，明确校内各级岗位和机构的职责权限和议事规则，构建科学的教育管理运行机制方面，我们继续梳理、完善以学校章程为核心、各类规章制度为配套的制度体系，重新按教育教学类、资产财务类、人事管理类、学生招生类、后勤保障类、安全管理类等板块分类，使得各项制度更加完备，努力实现学校办学从"人治"向"法治"的转变。

（二）学校管理依规实施，加强制度落地

为强化学校内部规范管理，适应新形势下管理的需要，学校认真遵照、完善各项制度，以保证学校内部体制改革的不断深入。有力推进法制建设工作，促进优良的校风、教风和学风的形成。

（三）规范学校章程制度"废、改、立"流程

学校要求各部门针对与目前工作不相适应的制度提出"废、改、立"的申请。学校共计修改制度5项，建立新制度2项，废止制度0项。2019年3月，经教代会表决通过，学校再次完善章程，修改了章程中的核定班额数，规范招生流程，为5月份能顺利依法招生做好准备。

三、加强活动开展，提高依法治校的普法实效

（一）学校用好各种资源，依法宣教，成效凸显

党支部负责人和领导小组的普法宣传员协同提升教职员工法律素养。为进一步加大对《中华人民共和国宪法》的宣传力度，弘扬宪法精神，维护宪法权威，学校邀请法律顾问顾律师开设法制知识讲座，全体教师参加了讲座。讲座中，顾律师围绕《中华人民共和国宪法》修改的重大背景、主要内容和核心要义进行了深入解读。这对进一步增强我校职工法治意识，强化法治思维，提升法治素养起到了积极作用。

（二）学校开展活动实践，教育普法，形式多样

德育室和少先队、年级组协同落实学生普法教育的课程教材，着力编写《我是懂法的杨小星》校本普法教材，在晨会课上保障实施。为了了解普法课程实施效果，我们通过法律知识网上问答进行检验。学校还将"杨杨广播"作为法治教育平台，向全体师生宣传相关法律法规。

在法宣日、法宣周，学校各个年级更是组织丰富多样的普法活动：反恐法讲座、环境法主题升旗仪式、法治宣传卡制作、进社区宣传、参观消防博物馆等，提升学生的法律意识、自我保护意识。

（三）与社区、家长密切联系，合作普法

学校积极挖掘各项社会资源，合作普法，如邀请派出所的民警、交通队的交警等来校为学生开设各类普法宣传讲座；充分利用各种家长资源，开展"小手牵大手——亲子法治网上知识问答""聪明家长课堂——法官家

长宪法讲座""假日小队——环境保护法垃圾分类大调研"等活动，从而形成学校、家庭、社会三位一体的法制宣传教育网络，共同提高学生的法律意识。

四、倡导公开透明决策，提升依法治校的决策水平

（一）内部治理，强化会议决策的作用

学校明确校长办公会、校务会、教工大会、教代会等的职权和议事规则。学校重大事项通过校务会议决策；重大决策前，实行公开征求意见制度；学校校级领导不定期召开校长办公会；每周五上午，中层召开校务会议，下午召开全体教师大会，每次会议都做好会议的记录；学校定期召开教职工代表大会，报告学校发展思路、学校财务运作情况等，请全体教师积极参与学校制度的建设，共商学校发展大计。我们通过教代会商议决定了教师专业化发展的新一轮规划，会上各小组分组审议，充分讨论，从而使得每一位教师对自身的发展路径有了更好的认识和规划；此外，通过教代会还相继修改和建立了教师献血、慰问补助、学校内控机制、教工社团等多项制度。

（二）家长委员会、校务委员会发挥参谋建议作用

学校成立班级、年级、校级三个层面的家长委员会。每学期，家长委员会对学校的办学目标、课程安排、活动开展等情况作出回应，提出自己的意见。如果涉及学校基建项目、食堂管理、校服管理等特别事件，也会另外组织家长委员会商议。每学期，家长代表参加学校的重大活动和学校举办的教育类讲座等。学校还设计了《家长手册》，通过手册的发放，让家长更加明晰学校的各项规章制度和家长参与学校管理的各项举措和途径。

（三）加强教育教学、财务资产等方面的管理规范

我校认真执行上海市教育委员会下发的课程计划，在课程设置、课时计划、教学常规管理、学生在校时间、减负增效、考核评价、体育活动、师

德师风等问题上，坚持正确合规的做法，形成有利于素质教育实施的机制和制度环境。此外，学校形成了非常完备的财务管理体系，制订了一系列的财务制度，财务审批程序的完备，财务透明，用途规范合理，在上级部门审计工作中历次获得好评。后勤管理也有一套较为完备的规章制度。

（四）提升民主监督的力度和效度

学校重视依法治校的信息公开工作，如在网站上设立"校长信箱"，并使用"家校美"平台，向全体家长公开全体教师的联系方式。校内外监督机制完备，保证对学校教育教学和管理活动的意见和建议能够及时反映给学校领导和有关部门，并能及时得到有效反馈。

网站上同时设有党务公开栏、校务公开平台、意见箱等，将学校工作计划总结、依法治校的方案、招生规章、职称评定结果、推优学生名单、优秀教师评定、学校财务等有关事项予以公布，接受学校、社会的监督。

五、保护师生权益，提升依法治校的办学形象

（一）重视学生的安全教育

学校重视学生的安全教育，始终全方位地贯彻生命教育，如各项学生活动均有安全教育和安全预案；在寒暑假中，发挥"家校美"互动平台的作用，形成学生、班主任、年级组长、校长的反馈体系，通过家访等途径，定期了解学生安全状况。

（二）尊重学生人格及其他人身权利和财产权利

学校无体罚或者变相体罚及侮辱、歧视学生的现象。如有发生校园伤害、教师侵害学生权益行为，由校长室牵头，教导处、德育室、年级组共同落实答复学生申诉；紧急问题由校务会议集体决议解决；特别严重的纠纷，秉持多方参与、共同解决纠纷的原则，必要情况寻求法律顾问帮助，合法合规解决。学校建立学生安全和伤害事故的应急处理程序和报告制度，依法妥善处理学生伤害事故。学校在校外张贴收费公示，按照规定向学生收取

费用，从无乱收费现象。作为杨浦区生命教育基地学校，我们实施"我的情绪朋友"校本心理辅导课程，从课程、辅导、干预等多个环节保障学生的身心健康。

（三）学校党总支、工会做好教师权益保护工作

每年，学校落实各项保险，做好教工疗休养工作，体现人文关怀；不断完善制度，由党总支牵头，工会、人事落实答复教师的申诉，并成立调解委员会，处理教师权益的相关事务；教师发展的各项评选、培训等工作更加规范、透明、公开，激发了教师对自身发展的积极性；凡涉及教职工切身利益的重大问题、热点话题，需经教职工民主讨论，教代会审议表决，进一步规范校务管理；教职工提出的建立社团、丰富生活等合理建议，学校积极采纳，并付诸实施。

（四）完善安全管理制度，逐级明确职责

定期对学校教学、生活、活动设施、用电等情况进行安全检查，落实各项安全防范措施，维护校园的安全与秩序；加强对教师、学生的安全教育，预防和减少学生伤害事故；建立各类突发事件预案，增强预防和妥善处理事故的能力；成立安全领导小组、工作小组，定期开会，汇报工作；每学期组织各种演练，针对突发情况下的安全处置预案进行反复操练；将食堂工作纳入法制轨道，管理上要求明确职责，责任到人。

多年来，学校面对各种矛盾的处理都比较妥当，学校的秩序得到保证。尽管如此，我们还是建立了校内纠纷解决操作流程，做到未雨绸缪、防微杜渐，使得学法、知法、守法、护法观念深入师生的内心。不过，我们也清醒地认识到，学校依然存在一些不足之处。

首先，规章制度需要不断完善，并落实到位。学校制订的部分制度尚不宽泛，不够全面，缺乏连续性，并且在执行中随意性较大，从而导致教师工作责任心不强。

其次，行政管理需要更加规范。管理中仍存在以行政要求为主要手段，工作布置的随意性较大，制度不知道、不遵循、执行不严的情况。

再次,法律素养要进一步提高。学校不但要注重对教职工教育教学能力的培养,还要不断加强教职工的师德和法律法规学习,提升教职工法律意识,明确侵犯学生权益的行为表现,杜绝此类现象。

因此,杨浦小学选择将工作重点落在依法管理上。经过前期的完善,学校的各项制度基本能适应学校当前发展的需要。我们通过推进规章制度民主决策,构建依法管理体系;推进规章制度民主监督,全面推行校务公开;推进规章制度问责机制,依法追究管理责任;推进规章制度宣传学习,提高师德修养等办法,使得依法管理真正得以落地。

第二章

"教学相长"团队建设

　　教师队伍的优化是指学校有计划、有目的地训练本校教职工，使其不断进行总结、提高，并以饱满的热情和极强的行动力来提高学校教育目标的完成率。一般而言，学校的教师队伍是由教职工共同组成的，为促进学生全面发展而相互协作的正式群体。在理想的状态下，群体中每一位成员都应当合理利用其所拥有的知识、技能协同工，解决问题，以求最终达成共同的目标。师资团队的建设是学校事业发展的根本保障，也是学校的核心竞争力之所在。因此，如何科学地优化师资队伍，激发教师的主动性，充分发挥其创造性，这是学校团队管理需要面对的重要问题，是学校长期保持活力、不断开拓创新的重要源泉。

第一节
稳健发展：团队管理智慧

伴随着社会经济的高速发展与课程改革的持续推进，人们对学生的素质要求越来越高。正确科学的学校管理才能营造良好的学习氛围，提高教学质量，培养出拥有健全人格的学生，从而为国家输送高质量的人才。因此，杨浦小学坚持"以人为本"的管理理念，并紧跟时代潮流，创新管理模式，在提高学校管理水平方面付出了许多努力。

一、科学管理的重要性

随着当前新的课程改革的持续推进，学校若仍坚持使用传统僵化的管理制度，不仅会与新式教学发生冲突，而且也不利于教师教学进度的推进，进而打击教师教学的积极性，无法提高教学质量与课堂效率。因此，学校领导应共同推进学校管理的创新与教学创新，完善管理制度，充分激发师生的积极性，这样才有利于学校的持续发展，与新的课程改革接轨。

二、科学管理策略的设计

（一）坚持"以人为本"的管理理念

学生是学校的重要组成部分，学校管理必须紧紧围绕"人"来进行改进与创新。在学校管理方面，学校领导制订出完备的管理制度，为日常教学做好了后备工作。按照现代学校管理的基本要求，我们创设"自我教育、自我管理、自我发展"的管理环境，建立了"条线清楚、职责明确、分工负责、团结协作"的管理网络，形成了"科学民主、求真务实、开拓创新、惜时高效"的管理风格，打造了一支"政治素质好、工作能力强、学历层次高、观念意识新"的管理班子。此外，杨浦小学还营造出了良好的教学和学习氛围，形成了具有学校特色的学校管理制度，从而提高了学校教师教学的积极性与教学质量，为促进教师与学生的可持续发展做出了贡献。同时，学校根据教师与学生的情况，随时对管理策略进行调整。

（二）提高学校管理的有效性

如今的学校多采用半封闭管理或是封闭管理的策略，这在短期内可以保证学生的安全，减少外界对学生的影响，有利于学生提高成绩。然而，从长远来考虑，学生长期处于"象牙塔"中，会缺少对外界的感知能力和对社会的理解能力。只有学校与社会生活有交叉，学生的心理与个人素质才能够得到锻炼。因此，学校可以提高学校管理的有效性，给予学生更多的锻炼机会，让学生接触部分与学校管理相关的工作，锻炼学生自身的能力，提升学生的综合素质。

（三）提升学校管理的科学性

为了调整僵化的管理模式，形成尊师重道、积极向上的校园风气，创新学校管理模式势在必行。杨浦小学的校领导充分认识到其重要性，在平时的工作中，主动关心一线教师与学生的心理状态，根据不同阶段的教学情况，适当调整管理策略，营造良好的教学环境与校园风气，使教师、学生紧紧凝聚在一起。不仅如此，学校还创立了一线教师积极反馈教学现状及学生情况的机制，让一线教师努力参与到学校的管理中来，并根据自己的实践经验提出自己的管理意见，为完善学校的管理助力。学生也应参与到学校的管理中来，从学生的视角提出自己的意见，为实现学校的科学管理而不断努力。

作为杨浦区的中心小学，学校时刻坚持"以人为本"的教育理念，创造和谐的校园学习氛围，创新学校管理模式，提高学校管理的科学性与有效性，增强领导、教职工、学生之间的凝聚力，使学校生活与社会实践相结合，促进学生综合能力与个人素质的提高。

第二节
砥砺共进：师资梯队建设

小学教育是每个学生必经的重要阶段。小学教师队伍的质量不仅关系到每个学生一生的成长，关系到亿万家庭的希望，更关系到国家和民族的未来。建立高素质、专业化的小学教师队伍，本质上就是要凸显小学教师职业的专业性和专业地位。

一、杨浦小学教师团队分析

教师专业化强调的是教师自身成长和发展的历程，包括教师个体的专业水平提高的过程，教师群体的专业水平提高的过程和教师职业的专业地位的确立与提升的过程三个方面。我们认为，要建立高素质、专业化的小学教师队伍，应以学生为主体，以教师为主导，充分发挥学生的主动性，把促进学生健康成长作为学校一切工作的出发点和落脚点。

杨浦小学对自己的教师提出了三个方面的要求：其一是小学教师专业素质要过硬；其二是小学教师要关注小学生成长的多元化需要；其三是小学教师要关注每一个小学生个体的成长。为了提升小学教师的专业化水平，学校一方面需要提供外在条件的支持与保障，另一方面更需要依赖教师队伍的自身建设。为此，学校主要从教师的专业理念与师德、专业知识和专业能力等方面进行了细致梳理和规范，厘定了小学教师的准入门槛和从教规格；挑选大学优秀毕业生充实师资队伍；注重师资梯队建设，初步形成了由骨干教师领衔、层级清晰的高素质的师资队伍。学校现有专职教师 68 人，其中中学高级教师 5 名，小学高级教师 29 名；具有本科以上学历的为 68 人，其中 7 人为研究生，6 人研究生在读；现有区级学科带头人、骨干教师共 9 人。教师队伍年轻且充满活力，主要可以分为以下几种类型：

（一）职初期教师

通过校本和校外各种培训，职初期新教师能从初步熟悉教育教学工作，到基本能胜任教育教学工作。职初期教师要增强角色意识，注重礼仪修养，遵守教师职业道德规范，爱岗敬业，增强事业心、责任感，拥有积极向上、主动参与的心态，自主发展成为参与型教师。

（二）发展期教师

发展期教师要胜任教学，积累更多、更全面的教育教学实践经验，进一步提高教育教学能力，完成职称的晋升；要积极参与校本教研，参与学校科研课题的研究工作，锻炼科研能力，自主发展成为学习型教师。

（三）成熟期教师

成熟期教师具有比较丰富的教育教学经验，能把握教育教学规律，教育教学质量良好；在本学科某一学段的教学中，能起到把关的作用；能组织开展校本教研活动，并达成良好效果；能领衔校级以上课题的研究，撰写教育教学论文、案例，自主发展成为智慧型教师。

（四）成才期教师

成才期教师应具备本学科各学段教学的把关能力，热心带教成熟期教师，能指导学科教师开展各种教育教学活动，教育教学质量显著；能领衔研发开设校本课程，组织引领校本教研活动，积极撰写教育教学论文、案例，并在市、区级的科研课题的研究中获得成绩，自主发展成为专家型教师。

各梯队教师发展评估指标见表2-1：

表2-1　杨浦小学教师梯队发展评估指标

类型	评估指标	达成标志	保障措施	完成任务
职初期教师	1．研读教材，把握重点、难点。 2．基本把握教学环节，有序组织教学。 3．认真参与教研进修。	1．备课认真，目标适切。 2．能把握课堂节奏，达成目标，重难点突出。 3．能及时反思，在校本教研活动中能发言。	1．结对指导。 2．听指导教师课，每学期不少于20节。 3．指导教师随堂听课，每学期不少于20节。 4．办好"青蓝学堂"，搭建交流平台。 5．搭建展示平台，提供展示机会。	1．每学年参与"春华杯"教师基本功交流赛。 2．每学期在学校范围内上1次汇报课。 3．每学年参与"秋实杯"课堂教学交流赛。 4．参加区"小荷杯"比赛。 5．完成360培训。 6．完成三分之二以上课后反思的撰写，并在学校及以上层面交流。 7．被评为参与型教师。
发展期教师	1．以有效教学为目标，认真备课、上课。 2．更加关注学生，及时反思教育教学的有效性。 3．积极参与校本教研。 4．提升科研能力。	1．正确解读课标目标。 2．分析学生，思考教学，撰写教学案例。 3．能根据教学重难点设计练习，有一定命题能力。 4．撰写相关课题报告及论文。	1．加强随堂听课。 2．成为组内交流课的主要力量。 3．加强展示课的指导力度。 4．搭建展示平台，提供展示机会。 5．保证其参与课题组研究。	1．每学年参与"春华杯"教师基本功交流赛。 2．每学期在组内上1—2次交流课。 3．每学年参与"秋实杯"课堂教学交流赛。 4．参加区"百花杯"比赛。 5．校本教研中能作主题发言。 6．撰写教学案例，在校级以上范围交流。 7．被评为学习型教师。

类型	评估指标	达成标志	保障措施	完成任务
成熟期教师	1. 课堂教学游刃有余，有一定经验。 2. 在备课组里，起到引领作用。 3. 能组织开展校本教研活动。 4. 主动开展教育教学科研，撰写教育教学论文、案例。 5. 做好职初期教师的带教指导工作。	1. 在市、区范围内公开展示教学。 2. 能带领备课组开展教育教学研讨活动。 3. 在学校和区级范围内进行专题交流或讲座。 4. 在区级以上范围内发表1篇以上论文或得奖。 5. 带教1名职初期教师，成效显著。	1. 加强随堂听课。 2. 成为组内交流课的主要点评人。 3. 聘请专家带教引领。 4. 加强带教工作的督查力度。 5. 加大对科研工作的支持度。	1. 每两年参与"春华杯"教师基本功交流赛。 2. 每学期在组内上1次交流课。 3. 每两年参与"秋实杯"课堂教学交流赛。 4. 参加区"百花杯"比赛，并获一、二等奖。 5. 组织开展校本教研，完成资料积累。 6. 领衔校级以上课题，并成功结题。 7. 成功指导带教教师上好汇报课。 8. 评为智慧型教师。
成才期教师	1. 以有效教学为目的，上好各级展示课、示范课、研究课。 2. 校本教研活动中，起到指导和引领的作用。 3. 积极推动课程校本化建设，带领教师逐步完善已有课程，开发新课程。 4. 积极开展教育教学科研，	1. 在全国、市、区范围内公开展示教学或专题交流讲座，并获得好评。 2. 能指导和带领教研组、备课组开展教育教学研讨活动。 3. 多篇文章在区级以上范围内发表或得奖。 4. 带教1名职初期教师，成效显著。	1. 加强日常课的听课、学习。 2. 成为校内交流课的主要点评人。 3. 提供一切提升、扩大影响力的机会。 4. 建立工作室，加强带教工作的督查力度。 5. 加大对课程执行力的关注度。	1. 担任"春华杯""秋实杯"课堂教学及基本功交流赛评委。 2. 多次在区以上层面进行公开教学。 3. 参加市教学比赛，并获佳绩。 4. 指导、引领校本教研，完成资料积累。 5. 领衔校级以上课题和课程开发，并成功结题。 6. 指导所带教的教师进行有效的课堂教学实践，并在区级范围内成功进行公开教学。 7. 不断向专家型教师的目标努力。

类型	评估指标	达成标志	保障措施	完成任务
成才期教师	撰写教育教学论文、案例。 5. 做好发展期教师和成熟期教师的带教指导工作。			

二、教师专业化发展规划

学校非常重视教师的专业化程度与岗位胜任能力，因为这与学校教育教学质量息息相关。因此，结合本校教师多年的研训经验，学校围绕"基本情况""管理胜任力""教学胜任力"和"教研培训需求"四方面，对教师团队建设进行了一定的思考，在教师专业化建设方面做出了如下规划：

（一）教育理念的发展规划

1. 强调以学生为本

我们认为，最好的教育就是适合学生的教育，不适合学生的教育就是不好的教育。以学生为本，就是遵循教育教学的规律，坚持学生主体的教育理念，尊重、关注和爱护学生，引发学生积极主动地参与学习，将促进小学生快乐学习、健康成长作为教育教学的最终目标。通俗地讲，以学生为本就是给学生提供适合的教育。

2. 倡导以师德为先

作为教师素质的第一要素，师德要求教师要履行职业道德规范，增强教书育人的责任感和使命感。杨浦小学的教师面对的是成长中的小学生，特别要注重为人师表，重视榜样的作用，应当本着"教师的爱是小学教师的灵魂"这一理念，要富有爱心、耐心、细心和责任心，做小学生健康成长的指导者和引路人。因此，学校定期对教师进行资格考试，并将师德考核作为首要内容。

3. 重视教师专业能力的提升

教师的专业能力是教师教育理念、专业知识的载体，它直接关系到学生的学习能力、实践能力和创新能力的获得。小学教师的专业能力不仅体现在认识、了解、把握学生的特点和需求方面，同时还体现在教育教学实践环节上。当代教师不仅要把握学科的基本理论，还要有能力驾驭课堂，通过有效的方法、智慧来指导学生的学习，以保证学生的学习效果。

4. 积极践行终身学习理念

终身学习是当代社会的重要特征。杨浦小学的教师一向着眼于培养学生终身学习的愿望和能力，主要体现在激发学生主动发展的意识和不断反思、制订发展规划的能力；同时积极把握国内外教育发展的动向，紧跟教育理论和知识发展的步伐，不断充实和完善自己，使学习成为一种习惯。

（二）教育素养的发展规划

1. "专业理念与师德"维度的发展规划

杨浦小学主要从职业理解与认识、对小学生的态度与行为、教育教学的态度与行为、个人修养与行为四个领域对小学教师的专业理念与师德提出具体要求。

第一，强调教师职业的专业性和独特性，要求教师注重自身专业发展。这是时代发展和教育进步对教师专业发展的诉求。教师是一种特殊的职业，是一种专业化的工作。小学教师所面对群体的特殊性决定了并不是任何人都可以从事小学教师职业，只有达到教师专业标准的人，才能进入教师队伍的行列，才能从事教师职业。因此，学校通过制订实施教师专业标准，来规范和要求教师职业，突出教师职业的专业性和独特性，进而有效地推动教师的专业化发展。

第二，突出小学生的生命教育。生命教育是这个时代的重音符，它体现出不断革新进步的教育观，也自然成为杨浦小学教师的重要使命。学校向来把保障小学生的安全、尊重小学生的人格、信任小学生和尊重个体差异放在首位。这里的"安全"应该包含生命的存在和生命的健康两个方面。

这意味着教师要服务于小学生生命成长的需要，关心小学生的生命状态和质量，同时也要关注小学生自身对生命的体验和态度。

第三，明确要求教师要积极创造条件，让小学生拥有快乐的学校生活。让小学生拥有快乐的学校生活，意味着要依据素质教育的要求和新课程改革的精神，深入有效地转变教学观、学生观、师生观以及学校管理思维等。外在环境的改善固然重要，但是在教师与学生交往的微观世界里，教师对教育和对学生的理解与行动将会更为直接地决定小学生是否能够拥有一个快乐的学校生活。

第四，要求教师要注重修身养性。杨浦小学提出过指向教师个人修养和行为方面的诸多要求，如要求教师富有爱心、责任心、耐心和细心，要求教师做到乐观和富有亲和力，同时要求教师的举止要文明礼貌。这些要求更多地反映出教师作为平凡个体和教育者的双重角色，应该具有哪些特有的心性、品质和行为，并且这些特质处于怎样的水平对小学生才是适当的。

2. "专业知识"维度的发展规划

杨浦小学从小学生发展知识、学科知识、教育教学知识、通识性知识四个领域，对小学教师的专业知识提出具体要求。

第一，要求教师了解和掌握小学生发展的知识，目的在于保护小学生的身心健康，保障小学生的合法权益和促进他们的健康成长。小学教师仅仅了解小学生身心发展特点和规律、学习特点等是远远不够的，还需要加强政策和法律层面的学习，了解小学生生存、发展和保护的有关法律法规及政策规定，了解小学安全防护的知识，掌握针对小学生可能出现的各种侵犯和伤害行为的预防与应对方法，了解幼升小和小升初衔接过渡阶段小学生的心理特点。

第二，小学教师学科知识要体现综合性。教师所具有的特定的学科知识，如语文知识、数学知识等，是教师知识的主干和核心部分，是教师胜任教学工作的基础性知识，也是教师职业身份的标志。小学阶段要以综合课程为主（综合课程是组合两个或两个以上的学科领域构成的课程），要打破传统的分科课程体系。小学教育的综合性特点要求小学教师要了解多学科的知识，在此基础上掌握所教学科的知识体系、基本思想与方法；要求小学教师关注所教学科与社会实践的联系、与其他学科的联系，使课程与社会生活联系起来，使学生尽可能多地参与到社会中去，增强学生适应和改造社会生活的能力。因此，小学教师学科知识的综合性才能保证课程实施过程中培养学生强烈的社会问题意识和解决问题的宽广的社会视野。

第三，要求教师掌握小学教育教学理论知识。小学教育教学因其基础性、养成性、启蒙性等特点，使得它不同于中学的教育教学。小学教师应掌握小学教育教学的基本理论，即通俗意义上的教育学和心理学的知识，以此帮助小学教师认识教育对象，开展教育教学活动和教育科学研究。

第四，关注通识性知识的重要价值。教师的通识性知识是指教师所拥有的有利于开展有效教育教学工作的普通文化知识，包括深厚的文化基础和广博的文化视野。教师的阅读与学习既要广泛，又要有意识地进行选择，特别要注意各学科知识的搭配与多学科内容的融合。具备通识性知识是教师作为专业人员必须具备的素质。

3. "专业能力"维度的发展规划

杨浦小学从教学设计、组织和实施、激励与评价、沟通与合作、反思与发展五个领域对小学教师的专业能力提出具体要求。

第一，要求教师的教学设计要处处体现出"以学生为本"的基本理念。例如，要求制订小学生个体教育教学方案，发现和赏识每一个小学生的点滴进步，引导学生进行积极的自我评价等；同时又要求体现出建构主义（如要求结合学生已有经验组织教育教学）、教育智慧（如要求妥善应对突发事件）、多元智能（如要求灵活使用多元评价方式）等教育教学新理念。

第二，要求教师组织与实施教学尽可能跟上时代发展的新需要。例如，要求教师帮助小学生建立良好的同伴关系，让小学生拥有快乐的学校生活，和谐的同伴关系。再如，要把现代教育技术手段渗透运用于教学中，从而能够极大地优化教学过程，提高教学效率和教学效果。

第三，激励小学教师专业能力建设过程中的独特性。例如，增加体现小学教师教育教学特殊性的一项新能力，即设计丰富多彩的班级活动，突出活动类课程的重要地位。可见，小学教师不应该只是学科知识的传授者，每个小学教师都应该能够做班主任、辅导员、心灵导师，都应能够结合小学生身心特点和发展需要，设计丰富多彩的课内课外活动，进而促进小学生的全面发展。

第四，强调教师的沟通与合作能力。小学教师要学会如何与小学生、家长、同事和周边社区进行交流合作。例如，在人际沟通方面，杨浦小学明确要求小学教师要做到使用符合小学生特点的语言、善于倾听、与小学生进行有效沟通等；在人际合作方面，《小学教师专业标准》中提出，教师要"与家长有效沟通，共同促进小学生发展""协助小学与社区建立合作互助的良好关系"等。

第五，重视培养教师的反思与发展能力。这一要求的提出，是对全球教师专业化发展背景下的教师专业发展内在要求的回应。教师专业化的本质就是让教师意识到自身在专业成长中的力量和自主发展的角色，进而在各项专业发展活动中体现出积极的自我反思意识和专业发展规划意识与能力，能主动对教育教学进行探索和研究活动。提升小学教师创新发展、自我反思的能力，关键是加强教育科研能力。只有具备教育科研能力，小学教师才能在实践中具有对教育教学理论进行质疑的能力，才能不断对自己教学实践进行反思、质疑和探讨，才能不断地研究自己教育实践的信念与技能。因此，教育科研能力是教师专业发展的内在驱动力，是培养小学教师反思与发展能力的生长点，对于小学教师专业化发展无疑具有极大的推动作用。

《中国教师报》总编辑雷振海说："只有每一个教师真切地意识到自己的责任和权利，认识到自己所发挥的独一无二的作用，迸发出强烈的专业自主意识，才能真正成为合格的教师，进而成为专业的教育家，实现教育目标与理想。"杨浦小学强调教师的专业化，要求教师不仅将其视作一份职业，更应该将其视为专业，这既是教师的职责，也是教师的权利。对每位小学教师而言，切实加强师德建设，增强教书育人的责任感和使命感，提升专业发展水平，努力成长为小学生眼中的好教师是非常重要的。

三、教师团队建设措施——"青蓝学堂"校本研训项目

校本研训是将教育教学研究和教师培训的重心下移到学校，以中小学教师任职学校为教研和培训单位，以提高教师专业化水平为主要目标，把培训与教育教学、科研活动紧密结合起来。杨浦小学的校本研训邀请了高校的学科专家、区教研室教研员、校级骨干教师开展多层次的师徒带教，包括制订带教计划，落实带教内容，完成各自的责任，建立教师专业成长记录袋等，以促进各级教师的专业发展。此外，还创新设计了切合教师专业发展的需要和学校实际，真正能促进理论与实践的结合并指向职初教师的"青蓝学堂"项目。

（一）设立"青蓝学堂"的初衷与缘由

我校认为，扎实的学科业务能力是新教师胜任新岗位的首要能力。小学新教师业务能力要求体现在初步掌握学科的教学常规、知识体系，较熟练地掌握学科技能，使其备课、上课、听课、班级管理等走向规范化。我校青年教师是教师队伍中的中坚力量，五年以下新教师占教师总数的一半以上。为了充分激发青年教师的潜力，学校着力青年教师的带教和培训办法：一是研读课程标准，分学科组织新教师先独立备课，学科带头人在新教师独立备课的基础上，以点带面地为新教师解读学科课程标准，这样先实践再解读，新教师更易接受和理解；二是寻找身边的榜样示范，在前一届的新教师中选取一些优秀者，让其为后一届新教师上展示课，我们称它为"榜样示范课"，即上一届的新教师现身课堂，展示一年的成长，让新教师真实感受到学科专业成长的路径，树立信心，而且同龄人之间容易产生共鸣，使得榜样的力量更接地气；三是师徒帮扶，每个新教师在本校都有学科师傅，我们规定师傅与徒弟每学期的帮扶要求，并在结业典礼中评选出优秀指导教师；四是课堂展示，每位新教师在结业之前都要集中进行一次课堂展示，内容包括说课、评课、听课等考核展示。为此，我们建立了"青蓝学堂"，以"青蓝学堂"作为我校校本研训的主要载体，通过"青蓝擂台""青蓝创客""青蓝讲坛""青蓝沙龙"等成系列的、有计划的活动，对青年教师实施

校本培训。同时，在带教青年教师的过程中，成熟期教师和骨干教师也都得到了发展和提升。

"青蓝学堂"项目的设计思路，主要突出"一个中心"，实现"两个转变"，促进"三项提高"，督促"四个养成"，落实"五种途径"，完成"六项任务"。

1. 一个中心：即以全体教师的专业成长为杨浦小学"青蓝学堂"教师研修的中心。

2. 两个转变：即通过"青蓝学堂"研修，转变教学观念，转变教学行为。

3. 三项提高：即通过"青蓝学堂"研修，提高课堂教学水平、教育理论专业知识水平、教研科研水平。

4. 四个养成：即通过"青蓝学堂"研修，养成积极反思教学的习惯、自觉学习读书的习惯、主动研讨互助的习惯、善于总结积累的习惯。

5. 五种途径：即借助读书交流、论坛讲座、教学实践、课题科研、活动评比五个途径，开展"青蓝学堂"的研训。

6. 六项任务：即在"青蓝学堂"研修过程中，要完成开设一节邀请课，设计一篇教学案例，开展一次专题评课，制作一个媒体课件，做一次主题交流发言，阅读一本专业书籍并完成读书笔记等任务。

用什么措施来保障新教师获得扎实的学科业务能力呢？首先，固定导师。我校主要采用学科双名师引领，将每个学科的新教师进行分组，每组5—6人，分别由来自不同学校的学科带头人对其进行学科业务指导。其次，考核学员。我们主要通过学习共同体式考核来进行。学习共同体就是按学科分组为一个团队，每一个环节的学习都是以一起学习、一起成长为目标。在共同体中，不仅仅是新教师向指导教师学习，同时所有人都要参与同组同伴的学习展示过程，向同伴学习，这样保证了新、老教师之间有更多的交流的机会，也可以促进新、老教师的反思和再实践。

（二）"青蓝学堂"的主要内容

职初期通常是指新手教师入职后的第一年至第三年，这是教师真正步入教师职业，成为一名名副其实的教师的起始时期。在整个教师职业生涯中，职初期虽然只是短暂的几年，但国内外关于教师职业生涯的大量研究表明，职初期这个阶段对教师整个职业生涯的发展具有至关重要的意义。因此，应该为职初期教师的专业成长提供完善有效的支持，以保障职初期教师顺利度过职业适应期，并向专家型教师迈进。基于这个认知，"青蓝学堂"校本研修课程的主要旨归便放在了规范学校教育教学的日常研讨工作上。基于"以人为本"的和谐管理文化，通过制度和机制，来保证研修目标明确、规划清晰、措施得当、过程合理、评价有序。

1. 青蓝讲坛，磨炼技能

由于职初期教师缺乏教学实践经验和教学实践技能，因此职初期培养应为该阶段的教师提供及时的指导与帮助，使他们尽快适应新的工作和环境，在提高教学的同时，顺利进入专业发展的良性轨道。为职初教师开设"青蓝讲坛"，将选择课程的权力下放到职初教师手中，由他们在众多的课程中选定他们所喜欢和感兴趣的学习课程。这些课程清单主要涉及师德修养、新课程理念、新教学技术、专题研讨等内容。为此，"青蓝讲坛"非常注重为新教师们举办教师专业素养、教师师德素养等方面的专题讲座，邀请专家、教研员、学校的骨干教师和带教青年教师的成熟期教师来分享经验，一方面尽快帮助新教师胜任工作，另一方面也是促进带教者自身的提高。通过一系列教师发展的相关课程、讲座，帮助职初教师解答他们在工作中遇到的问题与困惑，并提升其教学理论和师德素养，以便职初教师在今后的教学中能够更好地将理论与实践结合在一起。

2. 青蓝沙龙，分享经验

新手教师面临着从学生身份向教师角色转变这一关键问题。研究表明，当他们真正步入教师职业后，会面临着一系列的困境：角色的转变与适应，真正的教学生活与理想的差距，人生发展中的重大问题，等等，而体现在课堂教学中的问题更是不胜枚举。"青蓝沙龙"是为职初教师设置的互动交流的平台。针对青年教师教育教学中存在的问题，每月举办一次"青蓝沙龙"。"青蓝沙龙"往往通过以信息反馈为基础的调研分析式交流、以反思为基础的案例反思式交流、以共享为基础的成员互动式交流，来解决青年教师所提出的困惑,让青年教师经过与带教师傅间的讨论、思辨来习得宝贵的教育教学经验,进而帮助教师群体形成合作共享的文化氛围。

3. 青蓝擂台,各展风采

在实施过程中,我校发现,青年教师的入职教育方面还存在很多问题,主要表现在教师入职教育还没有真正制度化,入职教育的保障措施不健全,入职培训内容的针对性不强,入职教育效果欠佳,评价制度有待完善,等等。职初教师作为学校的后备军和未来主力,对其的培养和成长的促进往往至关重要。因此,杨浦小学为职初期教师构建了"青蓝擂台",以便为其提供锻炼与展示的舞台,帮助其快速适应教育教学工作,提升课堂教学质量。职初期教师们也紧紧地把握来之不易的机会,尽展风采。每年 5 月,杨浦小学都会创办以"厚实基础、提升能力、相互鉴赏、自我超越"为主题,以"以学促教、以赛促练、学练结合、厚蕴提能"为原则的"春华杯"教师基本功大赛,依次为职初期教师提供板书教学设计、即兴演讲、云课堂三个方面的比拼擂台。比赛以抽签选取比赛内容和顺序的方式进行,各学科的职初期教师都能够充分展示自己各方面的教学知识与技能。与之相应的是,每年 10 月,我校还将开展"秋实杯"教学展示活动,为每位见习教师提供将新课程理念落实在课堂教学中的展示平台。比赛过程中,我们可以看到师生、生生之间自然亲切的对话,也可以看到充满生命活力的课堂,一展青年教师的教学风采。这些比赛机会不仅能够促进职初期教师进行自我反思,激发他们自我提高的内驱力,还能够打造出一支专业技能过硬、教学特色鲜明的教师队伍。

4. 青蓝创客,智慧舞台

职业发展各阶段间通常有着环环相扣的逻辑关系,从业者只能一步一个台阶拾级而上,顺次经历,职初期更是不可逾越的阶段。入职适应与学历和年龄并无直接关系,学历只能是书本知识的物化标识,年龄只能是自然成长的时间刻度,入职适应关键在于境况知识。对青年教师而言,境况知识就是对杨浦小学这一特定职场环境的适应能力。为了使青年教师尽快适应杨浦小学的环境,学校为他们搭建了"青蓝创客"平台,收集职初期教师(也可以包括其他教师)关于教学的新想法,促进职初期教师的创造性发展。在"青蓝创客"中，职初期教师不仅是学校文化的传承者，更是新文化的创生者，如新课程的开发，某个教学内容的新教法，某种新颖活动的设计等。自 2019 学年起，杨浦小学"创智云课堂"系列活动拉开了序幕。学校组织了"创智云课堂"小组，并在班级层面选择了两个实验班，建立起了完整和稳定的移动终端。"创智云课堂"小组定期进行研讨总结，交流使用经验，探索新技术。教师依托"创智云课堂"资源，进行有效的教研与学习，并在课堂教学中充分利用云课堂以及多媒体技术，探索新技术与课堂结合的切入点，使课堂充满了活力，大大提高了课堂教学的效率。

通过实践，我们感受到，师资队伍建设是一项长远的计划。"青蓝学堂"不仅是提高教师教育教学能力的载体，也是提升整个教师群体专业化水平的一个保证。我们需一如既往、循序渐进地推进，进一步完善已有的师徒制等支持方式，建立针对职初期教师的个性化的支持方案，并积极探索新型的教师帮扶计划，构建立体多维的职初期教师支持体系，打造"合作、进取、创新、共赢"的学习型教师团队，为其职业生涯发展奠定良好的基础。

第三节
海纳百川：国际合作与交流

上海教育的对外开放起步早、层次高、频度大、交流深、成果丰，这得益于其丰厚的教育资源和深厚的教育积淀，也得益于上海市教育局领导对教育对外开放高屋建瓴的认识。基于此，为推进教育对外开放，进一步提升杨浦小学的国际化水平，多年来，杨浦小学一直注重加强国际合作与交流方面的工作，加大教育对外开放，拓展国际合作与交流渠道，并在推动杨浦小学的国际化进程上取得了一定的实绩。

一、我们的认识——立足整体、放眼全局

教育外事工作的相关经验告诉我们，对教育国际合作与交流工作的认识决不能停留在教育内部，而是要树立"大外事"的观念。具体而言，就是在具体的考察、访问、合作、培训、学习、接待等工作中，能够一切从国家民族利益出发，从教育发展的规律出发，维护国家尊严，保护国家利益，保守国家机密，不趋附、不盲从，做到实事求是、高瞻远瞩。这样才能既拥有大局观念，又能从小处着眼；既有民族坚守，又不失全球眼光；既实践了民间外交，又服务了教育改革。只有树立"大外事"的观念，才能从根本上端正教育外事工作的指导思想和工作思路，也才能真正使教育外事工作发挥作用，实现效益。

二、我们的工作——面向世界、博采众长

为进一步加强学校国际化的工作力度，更好地落实国家的战略要求，开拓学校教育的国际视野，积极探索教育的国际化策略，我校积极加快学校国际化的步伐，整合资源，凝聚合力，紧紧依靠校际交流渠道，与多个国家开展国际交流与合作，如与英国、爱沙尼亚、美国、印度尼西亚等国家的部分学校和教育机构建立了长期的交流与合作关系；参与了英国伦敦大学学院"班额与有效教学"国际合作课题的研究，并收获了小班化教学"学习中心"的研究成果。目前，与我校有过密切合作的几所学校都表现出强烈的国际合作办学的愿望和要求，都希望与我校达成互派学生或教师进行学习、培训等方面的合作协议。杨浦小学也采取多种措施增强教职员工的国际化意识，通过多种途径挖掘国际教育资源，拓展国际合作渠道，从学校的办学定位与人才培养目标等方面突显学校的国际化办学特点，为各国提供了完备的交流平台，得到了课题组多国专家的充分肯定。未来，杨浦小学将进一步完善国际交流与合作的体制、机制，拓展国际合作领域和项目，提升学校的国际地位和影响力。

第三章

"飞帆求实"课程体系

杨浦小学从所处的地域特点出发，结合本校文化、研究特色、教师兴趣等，吸收国内外先进的小学教育经验，集广大教师的思考、实践、再思考、再实践的智慧，构建了"飞帆求实"的课程体系。该课程体系将预设课程与生成课程相结合，倡导以学生为本、以生活为源、以整合为系、以自主为魂，运用游戏、实验、操作、娱乐、交往、观察等手段，鼓励小学生在玩中学、玩中思，使他们在玩中学会创造，在玩中追求发展。

近十年来,杨浦小学遵循《国家中长期教育改革和发展规划纲要(2010—2020年)》提出的发展战略目标,以教育公平作为小班化教育理论与实践研究的目标,依托国家、地方和学校,将"以学生发展为本"定位为课程理念的核心要素。按照功能来划分,我校课程主要分为基础型课程、拓展型课程和研究型课程。这些课程从学生主体出发,以满足学生需求为归宿,关注每一个学生的原有基础和个性特点,综合利用各类教学技术和手段,帮助学生获得最佳发展。这三级课程即从大力开展,全面推进;人人拥有,逐步提高;校内联网,资源共享三条路径着手,努力为每一个孩子健康快乐成长提供与其自身条件相匹配的、具有示范及推广价值的典型课例。"飞帆求实"课程体系详见图3-1。

图3-1 杨浦小学"飞帆求实"课程体系

第一节
统筹全局：“飞帆求实”课程框架概述

课程建设是学校建设的基础。杨浦小学的"飞帆求实"课程体系是依托《上海市普通中小学课程方案（试行稿）》设计的，寓意"非凡的课程"。"云帆课程"是国家课程，也称为基础型课程；"千帆课程"和征帆课程属于上海市地方课程，前者又称拓展型课程，后者又称探究型课程；"求实岛"课程属于学校自建课程，是国家、地方、学校三级课程统整学习的课程。

一、云帆课程

"云帆"取自古诗文"长风破浪会有时，直挂云帆济沧海"，象征着高大的帆，意喻基础坚实，足以远渡沧海。作为国家课程，"云帆课程"总共包括九门课程，即"语文""数学""英语""音乐""美术""体育与健身""科学与技术""道德与法治""信息科技"。教学内容选取了小学生必须了解和掌握的基本概念和基本理论，为学生们提供扎实的基础学科课程教育。

二、千帆课程

"千帆"取自古诗"千帆日助江陵势，万里风驰下濑声"，使学生们联想到水面上漂泊着的首尾相接、一望无际的帆船，以此表示丰富的经历与选择。"千帆课程"围绕着教学目标，为学生提供丰富多样的拓展型课程，赋予学生选择与体验课程的机会，满足学生个性化的发展需求。"千帆课程"共包含了四门课程，即"快乐罗盘""七彩甲板""阳光码头""梦想海岸"，覆盖了兴趣活动、社会实践、主题教育三个板块的内容，以限定拓展和自主拓展两种方式开展探究。

（一）快乐罗盘：寻找成长方向

"快乐罗盘"系列课程包括"快乐阅读""快乐思维""快乐交际""快乐运动"四部分。"快乐阅读"为学生提供小班化学习的环境，根据学生阅读兴趣，提供不同题材的例文，提高学生阅读水平，培养自主阅读的能力和习惯；"快乐思维"是培养学生运用逻辑思维解决日常生活中简单问题的能力，促进学生理性思维的形成；"快乐交际"则以各种交际活动为情境，让学生体验英语交流的乐趣；"快乐运动"是为学生提供喜欢的体育活动内容和游戏内容，培养学生健康的体魄和对运动的兴趣。总之，"快乐罗盘"旨在让学生通过学习扩展已有的知识和技能，解决日常生活中的某些简单的问题，进而促使其改善学习方式。该板块课程均由学生自主选择参与学习活动。

（二）七彩甲板：展示自我特长

"七彩甲板"系列课程是学生自主选择的兴趣活动，涵盖了"科学""艺术""体育""手工劳动"等领域，旨在培养学生在各个方面的兴趣爱好，并从兴趣活动中萌发出对某领域的梦想。该系列课程包括"弄潮竞渡""文艺拾贝""掌舵探索"三个部分，在每周一下午的创新拓展日开展。每学期，学校根据课程开设情况做出相应调整，删减或增设科目。"弄潮竞渡"课程主要对应运动类课程，引导学生体验各类体育竞技活动，包括篮球、击剑、滑冰等内容；"文艺拾贝"课程主要对应艺术文化类课程，引导学生感受艺术与文化的魅力，包括绘画、书法、川剧变脸等；"掌舵探索"课程主要对应实践思考类课程，包括乐高机器人、创新实验室、思维导图等，重点关注培养学生探索思考的能力。

图 3-2　杨浦小学"七彩甲板"课程作品和学习展示

（三）阳光码头：吸收积极能量

"阳光码头"系列课程关注学生"集体""伙伴""班级""家庭""人际关系"等方面的成长，作为课堂教学的延伸，帮助学生获得积极面对生活的能力，获得处理好个人与社会的关系的能力。该系列课程包含四个部分："聪明课堂""故事妈妈""情绪朋友""长大故事"，有家长课、晨会课、班队课、劳动课四种课型。

虽然实践摸索和自学也能够有效开阔小学生的眼界，但这类学习方式通常会受制于个人的阅历、经历和视野，在系统掌握知识和技术方面，免不了会有很大的局限性。基于此，杨浦小学创建了"聪明课堂"，邀请在各个行业任职的家长志愿者来校做讲师，旨在以他们的专业知识开阔小学生的视野，使学生初步积累对社会各行各业的认识，初步萌发对未来人生职业的兴趣。"聪明课堂"课程内容包括"汽车制造的流程""网络安全小知识""医院的组成""风力发电""人体的奥秘""天文知识""房子的建造""中医药的科普知识""金融知识"等。

"故事妈妈"课程邀请家长志愿者中的妈妈来校，以绘本故事为材料，让学生正确认识自我，正确看待同伴、集体，培养乐观、积极、健康的心态。

"情绪朋友"是关注学生自我情绪的科目，培养学生正确面对自我产生的各种情绪的能力和自我情绪管理的意识。在这方面，杨浦小学主要设计了"长大故事"活动，以少先队教育活动为主题，以传统民族节日为依托，紧紧围绕"爱、礼、信、合、智"五个方面来关注学生一到五年级的成长和发展。活动内容指向家事、国事和天下事，包括安全教育、健康教育、禁毒教育、国防教育等,培养对民族与国家的认同感与责任意识,增强法治意识、自我保护意识,获得自救技能。我们希望"阳光码头"成为学生吸收正能量的地方,让学生能在学中悟,关心周围的人、事、物,有团结协作的精神和社会责任心。

(四)梦想海岸:感受幸福童年

"梦想海岸"系列课程主要通过各种比赛、展示活动等,让学生充分展示自己,培养自信,激发创造的欲望,实现学生在小学阶段的小小梦想,让孩子在校园盛会中感受幸福的童年。

图 3-3 杨浦小学"梦想海岸"课程活动

该系列课程包含四个部分:"校园节""文化周""运动会""俱乐部"。"校园节"包括艺术节、科技节、图书节,展示学生在艺术、科技和阅读方面的成绩;"文化周"包括语文周、数学周、英语周,分别展示学生运用已有的知识技能,解决日常生活中的某些简单问题的能力;"运动会"一年举办两次,一次为趣味运动会,邀请家长共同参与,一次为竞技体育锻炼,追求更快、更远、更高的能力;"俱乐部"是学生利用午餐后午间休息的 20 分钟,根据自己感兴趣的内容和特长,进行各种才艺展示活动的舞台。这些课程可以帮助学生在"实践—认识—再实践—再认识"的循环滚动中学习。因此,我们主张,让学生及时地在实践中检验所学习到的理论知识,提高自己的认识水平,从而使知识内化为自己的能力。

三、征帆课程

"征帆"出自古诗"征帆恣远寻,逶迤过称心",即指代渐渐远行的航船，代表着探索辽阔海域的勇气。"征帆课程"对应杨浦小学的探究型课程。学校通过"研究员项目""博物馆项目"帮助学生形成探究热情，习得探究方法，开展探究实践。其中，"研究员项目"基于生活选取学习资源，开展关于探究的基本方法、技能的学习；"博物馆项目"选取适合的场馆及馆藏资源，依托博物馆场地、博物馆资源开展探究活动（见表3-1）。

表3-1　杨浦小学"征帆课程"内容

年级	第一学期		第二学期	
	博物馆项目	研究员项目	博物馆项目	研究员项目
一年级	马可铅笔厂	手的游戏 变色的水果	消防博物馆	飞行乐园 滚动的球
二年级	昆虫博物馆	降落伞 紫甘蓝的魔法	国歌展示馆	未来汽车 饮料与健康
三年级	海洋大学博物馆	濒危野生动物 关注一次性用品	航海博物馆	健康饮食 鞋子的秘密
四年级	同济大学科技展厅	滑坡小车	上海科技馆	节电小专家
五年级	上海城市规划 展示馆	英雄伴我成长	上海中共一大会址	英雄伴我成长

四、"求实岛"课程

"实"谐音数字"十"，又意指学习的"果实"。"求实岛"课程系列包括国家、地方和校本三级课程，共计十门课程。该系列全面覆盖小学五年共十个学期。每个学期的课程可具象为十座岛屿，对应十个主题，重点培养十种品质，每学期包含十个具体目标。在"求实岛"课程中，学生扬起风帆，探索一座座岛屿，在亲近周围的自然环境和考察周围的社会环境时了解自我，初步形成对自然、社会和自我的正确认识，获得优秀品质，撷取成长的果实。此外，他们还能够学会尊重事实，养成对周围事物和现象的好奇心、求知欲和乐于尝试、主动探索的精神，初步形成问题意识。

"求实岛"课程涉及多种学科知识，包含"探究演讲""科技实验""参观场馆""阅读书籍"等丰富多样的活动形式，培养小学生初步学会根据问题选择研究的方法和设计简单的研究步骤的能力，并学会从报纸、杂志、广播、电视、书籍和网络等媒体中获取信息，能对获得的信息进行简单的分类和整理（见表 3-2 ）。

表 3-2　杨浦小学"求实岛"课程内容

基础型课程校本化实施： 美美音乐厅、奇奇实验室、小小体育大看台 **拓展型课程校本化实施：** 梦想乐园、奇奇的玩具城、最流行的格莱美、劳动小岗位、与大师约会 **探究型课程校本化实施：** 小好奇看大世界、小好奇做大研究

十年树木，百年树人。虽然杨浦小学的精品课程建设还处于基础阶段，但"飞帆求实"系列课程既立足于解决当前的突出问题，满足现实需要，又着眼未来，明确了长远目标和任务，在提升课堂教学的效率，提高学生素质的基础上层层推进、不断提高，最终为学生的终身幸福打下基础。

第二节
合理开展："飞帆求实"课程实施方案

一、创设平台："家校美"自主选课系统

近年来，数字化校园引领了一时的风潮。不过，数字化校园在快速发展的同时也遇到了许多问题，如软硬件资源分布不均、利用率低、管理成本高和供应与需求不匹配等。针对上述问题，杨浦小学在教育管理和教学实施的过程中，根据实际需求，以"通硬件、通网络、通资源"为支撑，与复兰科技"家校美"云平台合作，开发了杨浦小学的自主选课系统。学校搭建的这个集智慧教学、智慧管理于一体的校园管理平台能够帮助学生通过电脑端和手机端两种方式登录账号，在教师与班级里的学生组成的云校园的虚拟社区里选课。我们设计了四种不同角色的账号：教师账号、学生账号、家长账号、管理员账号。这四种账号具有不同的功能，便利了学校的选课、统计、调配等事务，并在日常管理中发挥了重要的作用。

有了这样的平台，学生和家长可以在家里提前了解学校拓展型课程的部分内容，有充分的时间挑选出孩子喜欢的几门备选课程，等候规定的选课时间进行选课。我们的"千帆课程"深受孩子们的喜爱，往往在很短的时间里就被"秒杀"完毕。这时，平台的管理员就会帮助没有抢到课的学生调配课程。此外，我们还设置了让每位学生在五年里不重复选同一门课的功能。我们认为，孩子的选课虽然是自主的，但是能力的发展是均衡的、全面的。

图 3-4　杨浦小学"家校美"自主选课系统界面

杨浦小学设计的这一基于云服务的数字化校园云平台,为学校师生的教学和日常生活提供了开放、便捷的服务,有效地提高了学校的办公效率和调度能力,进一步突出了学生访问的灵活性和资源的共享性,因而具有广泛的应用前景。

二、"飞帆求实"课程的实施

从课程论角度来看,课程实施其实是课程开发过程中的一个重要环节。因此,杨浦小学积极总结学校在课程实施中存在的问题,并从课程实施与教学的关系入手,探究其存在的差别。在具体实践后,我们以课程方案申报的形式,对课程进行论证评价,以确保课程质量。

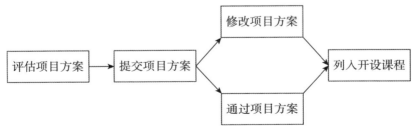

图 3-5　杨浦小学课程申报流程图

若想成功地推进课程改革，就必须先深入研究课程改革方案的实施过程，这有助于发现课程方案实施的问题，了解学习结果和各种影响因素间的关系，进而及时对方案进行调整、修订和完善。因此，杨浦小学也对校本课程方案设计了相应的评议表。

表 3-3 杨浦小学校本课程方案评议表（征求意见稿）

评价项目	评价要求	评价等级				得分
		优秀	良好	尚可	改进	
课程开发的目的、意义（20%）	与国家、地方课程的联系密切	5	4	3	2	
	对学生各方面素质提高的意义	10	8	7	5	
	课程宗旨的体现	5	4	3	2	
课程目标的确立（20%）	目标明确、清晰	7	5	4	3	
	知识目标、能力目标和情感目标	6	5	4	2	
	考虑到学生分层的因素，贯彻因材施教的原则	7	5	4	3	
课程内容（40%）	内容组织得当，层次分明，教材框架清晰	10	8	7	5	
	内容科学，启发性强，突出能力	15	12	11	9	
	内容选择适应学生发展需要	15	12	11	9	
课程评价（20%）	评价可操作性强，方法科学，具有激励性和制约作用	20	17	16	10	
综合评价	分值	100	80	70	50	
建议						

总的来说，课程文化的重要载体是课程内容。杨浦小学构建的基础型课程、拓展型课程、研究型课程体系依照国家、地方、校本计划有序实施，

并具体落实于学生的每一天中，展现了学校博广精深、开放多元、自主合作的课程文化。杨浦小学 2019 学年度"飞帆求实"课程计划详见表 3–4，杨浦小学 2019 学年度作息时间安排详见表 3–5。

表 3–4　杨浦小学 2019 学年度课程计划

科目 / 周课时 / 年级		一	二	三	四	五	说明
基础型课程	语文	9	9	6	6	6	（1）一年级入学初设置 4 周的学习准备期综合课程。 （2）语文课程每周安排 1 课时用于写字。 （3）一年级下学期至五年级上学期，道德与法治课安排 6 课时用于实施校本化情绪课程。
	数学	3	4	4	5	5	
	外语	2	2	4	5	5	
	科学与技术	2	2	2	3	3	
	道德与法治	2	2	2	3	3	
	音乐	2	2	2	2	2	
	美术	2	2	2	1	1	
	体育与健身	4	4	4	3	3	
	信息科技	-	-	2	-	-	
	周课时数	26	27	28	28	28	
拓展型课程	快乐罗盘	3	2	2	2	2	限定拓展与自选拓展结合，提供多种课程类型，满足学生个性发展需求。
	阳光码头	1	1	1	1	1	
	七彩甲板	1	1	1	1	1	
	梦想海岸及社会实践活动	不少于 2 周		不少于 2 周			
探究型课程		1	1	1	1	1	单独设置，学生必修；每周一次，每次一个课时；"博物馆项目"上六周，其余课时开展"研究员项目"。
晨会或午会		每天 15 分钟					
广播操、眼保健操		每天约 30 分钟					
周课时总量		33	33	34	34	34	每课时 35 分钟

表 3-5　杨浦小学 2019 学年度作息时间表

	时间	周一	周二	周三	周四	周五
上午	7：45	进校（早锻炼）				
	8：15	升旗仪式	升旗、广播操			
	8：35		晨会			
	8：50	第一节课				
	9：25	课间休息				
	9：35	第二节课				
	10：10	眼保健操				
	10：15	课间休息				
	10：25	第三节课				
	11：00	课间休息				
	11：10	第四节课				
	11：45	午餐、午间活动				
下午	12：35	午自习				校班会
	13：05	休息				
	13：10	创智星期一（包括才艺社及拓展型课程三节）	第五节课			整队放学
	13：45		眼保健操			13：15放学
	13：50		课间休息			
	14：00		第六节课			
	14：35		课间休息			
	14：45		第七节课			
	15：20		整理书包			
	15：30		阳光体锻			
	16：00	放学				

对杨浦小学而言，在基础型课程之外设立拓展性课程，恰恰是学校课程发展的一次良机。一方面，将课程分为基础型与拓展型两种类型，有助于学校依据学生的实际情况更好地完成诸如语文、数学、英语等课程的适应性开发；另一方面，在基础型课程之外设立拓展型课程，同样也能帮助杨浦小学顺应教育改革发展新趋势，对如何将基本思想、基本活动经验、学科核心素养等新概念运用于课程中进行有益探索。在这种思路引导下，杨浦小学将社会活动和德育活动都纳入拓展型课程系列，以求能够进一步培养学生的学习兴趣，提升学生的知识水平和专业技能。值得注意的是，基础型课程、拓展型课程和研究型课程三者密切关联。在课程的实施过程中，杨浦小学非常注重研究型课程与基础型课程、拓展型课程之间的关联性，如果就研究型课程而"研究"研究型课程，那么不仅不能很好地发挥研究型课程应有的功能，而且也会影响基础型课程和拓展型课程应有功能的发挥，使研究型课程随之丧失生命力。

（一）基础型课程的实施

1. 基础型课程着眼于培养学生作为一个公民所必需的基础素养，着力于打好知识与能力的基础，使学生拥有良好的生活态度、强烈的社会责任感和掌握基本的生活技能。我校基础型课程涵盖语言与文学、数学、人文与社会、科学、技术、艺术、体育与健康、社区服务与社会实践八个领域，严格按照国家与上海市相关规定，落实教学目标，并将课程标准的要求细化在小学五个不同年龄段中。

2. 在基础型课程实施的过程中，确保各学科都能够严格遵守国家和上海市的课程方案，注重提升教师的课程执行力，坚持以小班化教育为主体模式。教师能够做到依据班级学生的情况，对课程进行适当地梳理、整合和拓展，形成具有特色的校本课程。

3. 在基础型课程实施过程中，各门学科的教师都需要关注学科本身的育人价值与学科特色。首先，语文教师需要明确语文学科的研究重点，着重统整、梳理写作知识，旨在激发学生的写作兴趣，提升学生的写作能力；其次，各科教师均需要明确学科的研究重点，帮助学生更好地理解、掌握和运用知识。例如，数学老师需要多次梳理知识点，方便学生理解；音乐、美术教师需要加强学生的审美教育，提高学生对艺术的兴趣；体育教师需要让学生了解各种体育竞赛，激发学生对运动的热情；科学与技术教师需要增强学生动手操作能力，培养学生对科学探索的兴趣。

4. 在基础型课程实施过程中，教师需坚持"重基础、强规范、分层次、求效果"的基本原则，规范落实课堂教学环节，通过多样化的课程内容，来保障课程实施的质量。

（二）研究型课程的实施

1. "快乐罗盘"课程均由各年级教师负责设计，鼓励学生依照个人兴趣进行自主选择。该课程通常固定于每周一下午的创新拓展日开展。在结束了一个学期的学习后，教师将对这一学期的学习成果进行总结，总结的方式以展示活动为主。

2. "七彩甲板"课程由教师自主参与、设计，并通过学校课程建设领导小组的审阅和批准，才能上线运行。开学初，学生依据兴趣自主进行网上选课。在教学过程中，教师不仅需要做好点名的工作，还需要及时记录学生的活动情况。学期末，举办"杨浦小学达人秀"拓展型课程展示活动，在为优秀学员颁奖的同时，鼓励各个社团汇报、展示所取得的成果。

3. "阳光码头"课程中的"聪明课堂""故事妈妈""情绪朋友"等板块均由学校引进的家长资源、高校资源和其他社会资源参与、设计，教师主要扮演协调、组织和实施的角色。值得注意的是，"事事关心"这一板块则主要由班主任和学校相关职能部门负责设计和实施。

4. "梦想海岸"课程由学校各相关教研组负责设计和实施，包括"校园节""文化周""运动会""俱乐部"四个板块。

表 3-6　杨浦小学拓展型课程实施安排表

课程		各年级平均每周课时					说明
		一	二	三	四	五	
快乐罗盘		1	1	1	1	1	1. 一年级快乐运动每周 2 课时，三到五年级每周 1 课时。
七彩甲板		1	1	1	1	1	2. 每周一下午为创新拓展日，学生自主选择学习的科目。
阳光码头	聪明课堂	1/4	1/4	1/4	1/4	1/4	"聪明课堂"由学生自主选择学习的内容。
	故事妈妈	1/4	1/4	1/4	1/4	1/4	
	情绪朋友	1/4	1/4	1/4	1/4	1/4	
	成长故事	1/4	1/4	1/4	1/4	1/4	
	事事关心	晨会课 15 分钟，午间劳动 10 分钟。					
梦想海岸	校园节	四类校园节（健身、图书、艺术、科技）及三类文化周（语文、数学、外语）每学年各 1 周。					
	文化周						
	运动会	每学年 1 次。					
	俱乐部	午间休息 20 分钟进行。					

总的来说，研究型课程是落实以培养创新精神和实践能力为重点的素质教育重要载体。在实施的过程中，教师指导学生独立地根据各自的兴趣、爱好选择不同的研究型课程。通过研究型课程的学习，学生在原有基础上不断取得进步，创新精神得到激发，实践能力得到锻炼。

（三）探究型课程的实施

根据学校"善学"的培养目标，探究型课程确立了让学生学会学习、学会探究的培养要求。在探究型课程学习中，学生以类似科学研究的方式去独立自主探究，主动获取知识，解决问题，积极建构自己的知识系统。可见，研究型课程更多关注的是学习的过程以及思维的方法。基于此，学校以专题作业为实施形式，以课题研究为实施载体，引导学生在探究活动中发展能力。探究型课程主要包括"研究员项目"和"博物馆项目"两个板块。

（一）"研究员项目"的实施

"研究员项目"课程的实施分准备、执行和收尾三大阶段，每一阶段按三个步骤依次推进。"研究员项目"实施后，如发现需要调整研究方案，则须在完成调整方案之后再重新实施，如此循环，多次实施，直至问题解决，才能进入收尾阶段。

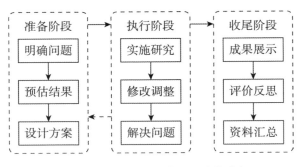

图 3-6 "研究员项目"课程实施流程

（二）"博物馆项目"的实施

"博物馆项目"是我校"小好奇看大世界"探究型课程的重要组成板块，分为艺术类、科技类、自然类、海洋类、城市类五大主题。"博物馆项目"活动由学校统一组织安排，依据探究课程实施的一般过程实施，同样分为准备、执行、收尾三大阶段。

总的来看，探究型课程注重改革以往的教学方式，强调师生交互主体的新型师生关系；注重改变学生过去的学习方式，强调师生一起共同探究、建构、应用知识。此外，为了确保探究型课程的顺利实施，杨浦小学也做了很多其他方面的工作。例如，杨浦小学建立了与探究型课程相配套的管理系统，旨在明确各级组织和人员的职责；根据《上海市中小学研究型课程指南》，结合本校的实际情况，编制了《探究型课程实施方案》。为了加强对探究型课程实施过程的管理，学校从选择课题、制订研究方案、开展研究、成果交流等方面，建立起探究型课程学习规范的流程，通过教师指导手册（包括学期计划、活动方案设计、记录指导、教学反思等）和学生学习手册（包括课题的开题报告、研究过程记录、结题报告、成果的鉴定、论文的答辩记录、各阶段的评价等），记录探究型课程的实施过程，为学生的学习评价和教师的教学评价提供依据。

三、"飞帆求实"课程的评估

在我国，探究型课程没有现成的理论，也没有现成的做法可以模仿，必须一方面通过借鉴国外的探究性课程的理论和经验（如美国、澳大利亚、英国、法国等西方发达国家在探究型课程开发和探究性学习方面都有可资借鉴的做法和经验），另一方面结合我国中小学校的实际，进行自主创新，构建适合我国中小学实际的探究型课程体系。杨浦小学的"飞帆求实"三级课程体系特色在于将学习与自主创新相结合。在实践过程中，杨浦小学积累了一定的经验，也在理论探索方面积累了一定的成果，但对于探究型课程这一新的课程领域，无论是在理论的研究上，还是在实践的运作上，都还有很多问题需要解决。只有梳理出存在的问题，才能提高评估的有效性。因此，杨浦小学的师生特别是教师需要理解基础型课程、拓展型课程和探究型课程之间的关系，意识到探究型课程对于习惯于知识传授的教师和习惯于知识再现、模仿的学生来说，在实施探究型课程的过程中会遇到很大的困难。只有认识到这些，杨浦小学才能避免陷入各种误区。

误区一：忽视研究型课程与基础型课程、拓展型课程间的关联性。这种"只见树木，不见森林"的课程观，从系统论的观点来看，必将削弱课程结构的整体功能。其实，基础型课程、拓展型课程和探究型课程三者相互关联，如果把探究型课程从课程结构这个系统中孤立出来，而不注意与基础型课程、拓展型课程之间的关联性，那么不仅不能很好地发挥探究型课程应有的功能，而且也会影响基础型课程和拓展型课程应有功能的发挥，进而会使探究型课程逐渐丧失生命力。

误区二：忽视探究型课程的开放性和合作性。探究型课程的开放性主要体现在空间开放、内容开放和方法开放等方面。探究型课程的实施空间是多样的，它不一定要在课堂上，也不一定要在校园里，它还可以在校外的动物园、科技馆、博物馆等场所开展。探究型课程的内容是多元的，学生可以根据自己的兴趣爱好选择探究的问题，并不局限于某一门学科，如可以涉及自然、科学、技术、文化、艺术等不同学科。同时，探究型课程的方法也是灵活的。学生针对问题的探究方法并不拘泥于书本，而是在教师的指导下，通过各式各样的探究方法，如观察、调查、搜集资料、访谈等，来进行探索和研究，从而得出结论。在这样的过程中，学生和教师可以在不断探究中共同发掘解决问题的最佳方法。探究型课程合作性体现在师生合作和生生合作，这在转变学生的学习方式、优化教师的教育观念、推动学校教育的整体改革等方面都具有十分重要的意义。

误区三：忽视教师的作用。由于教师对探究型课程理念不清晰，而且负责探究课的教师又都是兼职教师，所以不少教师把开展探究课当成了额外负担，不同程度地存在抵触情绪。没有适当的激励措施，也使得教师开展探究课的积极性不高。除此之外，因为探究型课程具有本身的特殊性，即没有现成的教材可依，虽然上级教育行政部门提供了学习包，但不一定符合学校的实际，加之教师缺乏操作技能方面的指导训练，因此面对探究课，很多教师不知从何处下手，教学内容没有新意，学生的学习兴趣不高。

误区四：忽视学生的主体性。探究课的主体是学生，由学生发现问题，提出问题，研究问题。然而我们观察发现，探究课上的问题是教师想让学生研究的问题，并不是学生想研究的问题，学生的主体性并没有体现出来。

因此，杨浦小学设置了完善的奖励体系，对积极实施探究型课程，能创造性地组织学生开展探究性活动，积累一定经验和成果的教师给予奖励，对参与探究型课程教学和指导的教师给予学期考核综合评分时的加分奖励；此外，我们还着力引导教师努力创设良好的教学氛围，提高自身的研究素质。从某种意义上来说，这是保证探究型课程实施尤为重要的一环。因此，杨浦小学以素质教育目标为导向，以教育学生学会做人为根本，以主体性发展为主线，以培养"学习能力和动手能力"为中心，以多种激励为杠杆，改变学生的学习状况，促进学生的发展。

第三节
齐头并进：精品课程案例分享

一、"梦想乐园"校本课程

自 2011 年 2 月起，为实践"关注每个学生全面而有个性的发展"的办学理念，促进教师的专业成长，调动学生的参与热情，深化小班化教育模式，我校携手华东师范大学董蓓菲教授，参与其所承担的教育部人文社会科学研究课题"小班化教育的中国模式：实现教育过程公平的理论与实践"，并负责了其子课题"小班课堂区域化功能研究"，重点对小班学习中心的构想、创建与教学实践开展研究。通过学习最新的理论文献，参考他人的精品课程、课件、案例、试题与练习、学生作品、教学反思等，我校打造了"梦想乐园"这一校本课程，并成为杨浦小学的重点课程。

图 3-7 "梦想乐园"校本课程教材

（一）课程建设的理论依据

1."从做中学"理论

美国教育家约翰·杜威（John Dewey）提出"从做中学"（learning-by-doing）理论。他认为，从"教育即生活"，到"学校即社会"，再到"从做中学"，这三者的关系是层层递进的。在"教育即生活""学校即社会"的观念中，杜威坚信社会进步和社会改革的基本方法是教育，教育的改造才能促进社会的改造。在杜威看来，"从做中学"是学生的天然欲望的表现，是学生的真正兴趣所在。"从做中学"充分体现了学与做的结合，也就是知与行的结合，它使得学校里知识的获得与生活过程中的活动联系了起来。只有通过"做"，才能获得经验，有了经验，也就有了知识，学到了东西。"从做中学"的内容使学生关心的不再只是那些客观事实和科学定律，而是通过直接的材料操作产生有趣的结果。同时，"从做中学"所强调的"做"主要是个人亲自尝试的工作和活动，仅是获得和改组个人的经验，以使学生自己的兴趣和需要得到满足。因此，"从做中学"理论也是有片面性的。然而，我们应该看到，杜威主张的"从做中学"是从批判传统学校教育采用的"从听中学"出发的，强调了知与行、学与做的关系，尤其是提出的学校教育中应考虑如何做的观点，击中了传统学校教育中的要害问题。在学校教育中，教师可以并且应该采用"从做中学"的方法，更好地推动课堂教学的改革，促进学生能力的发展。

"从做中学"的内容包括艺术活动、手工活动和科学研究三个方面。教育者要做的就是，为学生提供一个能够"从做中学"的环境，并指导学生去选择要做的事情和要从事的活动。杜威"从做中学"理论对我们杨浦小学"学习中心"研究非常具有启发性，因此，杨浦小学非常重视为学生提供动手操作的环境。在"学习中心"，学生除了学习语文、数学、外语课程知识外，还应学习艺术、手工、科学研究等内容。"从做中学"理论为"学习中心"的环境设计、学习内容设计提供了设计思路。

2. 多元智能理论

多元智能课程的理论基础是美国心理学家霍华德·加德纳（Howard Gardner）在《智能的结构》这本书中首次提出的多元智能理论（theory of multiple intelligences，简称 MI 理论）。该理论认为，智力是以语言能力和数理逻辑能力为核心的、以整合方式存在的一种能力，强调每个人都具有潜力，都不同程度地拥有七种或八种维度的智力。

多元智能理论旗帜鲜明地对现有教育评价制度进行了批判，认为过于狭窄的传统评价方法导致了众多学业失败的学生，主张以更为多元的智力维度来看待学生，根据学生不同的智力维度组合做到因材施教。该理论符合当下对教育机会均等的追求。

以多元智力理论为支撑的多元智能课程的一个基本观点是，认为学生身上相对独立地存在着以下与特定的认知领域或知识范畴相联系的八种智力。

言语—语言智力：指个体听、说、读、写的能力，表现为个体能够顺利而高效地用语言描述事件、表达思想并与人交流的能力，在记者、编辑、作家、演讲家等人身上有比较突出的表现。

音乐—节奏智力：指个体感受、辨别、记忆、改变和表达音乐的能力，表现为个体对节奏、音调、音色和旋律的敏感以及通过作曲、演奏和歌唱等表达自己思想和情感的能力，在作曲家、指挥家、歌唱家、演奏家、乐器制造者和乐器调音师等人身上有比较突出的表现。

逻辑—数理智力：指个体运算和推理的能力，表现为个体对事物间各种关系，如类比、对比、因果、逻辑等关系的敏感以及通过数理运算和逻辑推理等进行思维的能力，在侦探、律师、工程师、科学家和数学家等人身上有比较突出的表现。

视觉—空间智力：指个体感觉、辨别、记忆、改变物体的空间关系并以此表达自己思想和情感的能力，表现为个体对线条、形状、结构、色彩和空间关系的敏感以及通过平面图形和立体造型将它们表现出来的能力，在画家、雕塑家、建筑师、航海家、博物学家等人身上有比较突出的表现。

身体—动觉智力：指个体运用四肢和躯干的能力，表现为个人能够较好地控制自己的身体，对事件能够作出恰当的反应以及善于利用身体语言来表达自己思想和情感的能力，在运动员、舞蹈家、外科医生、赛车手和发明家等人身上有比较突出的表现。

自知—自省智力：指个体认识、洞察和反省自身的能力，表现为个人能够正确地意识和评价自身的情绪、动机、欲望、个性、意识，并在正确的自我意识和自我评价的基础上形成自尊、自律和自制的能力，在哲学家、小说家、律师等人身上有比较突出的表现。

交往—交流智力：指个体与人相处与交往的能力，表现为个人觉察、体验他人情绪、情感和意图并据此作出适宜反应的能力，在教师、律师、推销员、公关人员、谈话节目主持人、管理者和政治家等人身上有比较突出的表现。

自然—观察智力：主要指观察自然界中事物形态，对事物进行辨认、分类，能洞察自然或人造系统的能力，在生物学家、生态学家、化学家、植物学家等人身上有突出表现，如生物学家达尔文。

在现实生活中，多元智能并不是绝对孤立、毫不相干的，而是错综复杂、有机的，并且是以不同方式、不同程度组合在一起的。在不同的环境和教育条件下，每个人的智力各具特点，存在着明显的差异性，这种差异的存在使得每个学生都有自己的学习风格。因此，要正确认识学生的优点，发挥学生的优势。智能的组合有着无限的可能性，因此个体在认知方面会有不同的能力表现，体现出个体的差异性。每个人身上的不同潜能只有在适当的情境中，才能充分地发展出来。

多元智能理论对我校"学习中心"的启示是："学习中心"数量和功能确定的重要依据是学生多元智能的差异，因为智能差异是影响学生学科强项和弱项的关键。"学习中心"的功能，一是让学生运用智能强项完成富有挑战性的学习任务，二是促进学生弱项智能的发展。

3. 课程目标

为体现"以学生为中心"的教学理念，结合"从做中学"理念多元智能理论，我们将"梦想乐园"课程目标确定为：教师能最大限度地调动每个学生的积极性，发挥学生的优势智能，让学生体验阅读乐趣，获得学习上的成功。

（二）课程预设的教学环境

基于上述教育原理，同时考虑到学生分布的具体情况的不同，我们对"梦想乐园"课程预设的教学环境进行了深入的研究，在便利的地方设立"学习中心"。"学习中心"拥有一定数量的教学设备，如电视机、录音机、相机、计算机、图书资料和教室等设施，同时也安排了一定数量的管理人员和辅导老师。

1. "学习中心"概念

"学习中心"（learning centers）是一个空间，在这个空间里，教师对学生的学习需求进行相应的评估，据此来选择合适的学习材料，设计相应的学习活动。学生则通过和学习材料的相互作用、和其他同学的相互作用来开展学习活动。学习材料的运用和教学的组织不需要教师始终在场指导。杨浦小学的校园与"学习中心"存在主次区别。校园也是"学习中心"，具备"学习中心"的所有功能；同时，校园还承担中心功能（centralized functions）。"学习中心"通常被称为卫星学习中心（satellite learning center），如面授的班级研讨会主要是在校园中开展的，少数根据教师、学生的需要安排在"学习中心"。从总体上来看，"学习中心"的设计基本满足学生的学习需求，且以舒适为主，没有过多的装饰。

2. "学习中心"区域设计与功能

我们根据学生的多元智能差异和学习风格的不同，设立了六个学习区域：

媒体中心——将电脑、录音机、DVD、打印机等设备纳入其中。我们设想，以互联网络为平台，以信息技术为手段，根据每节课的学习目标，让学生自主地在网络上搜集并整理相关的学习内容，从而发展学生信息搜索能力。

写作中心——主要放置有助于学生写作的参考书籍、字典及一系列写作用具。我们设想，通过对学习资料的阅读和使用，那些喜欢以文字来表达学习体验的学生能够抒发创作的灵感，激发内在的写作动力，发展书面表达能力。

阅读中心——放置各类学生书籍，并根据具体的学习内容，对书目进行调整和补充。我们设想，通过广泛地阅读与学习内容密切相关的书籍，学生能够构建对学习内容理解的桥梁，从而感受阅读的乐趣，提升阅读理解能力。

艺术中心——放置绘画工具及其他手工制作器具。我们设想，让喜欢绘画和动手制作的学生用艺术化的表现方式，展示他们对学习内容的理解，培养审美情趣，提高艺术表达和创作技能。

发现中心——放置用于动手探究的物品及各种测量工具。我们设想，学生围绕所学内容，利用该中心的各类工具，满足好奇心，并通过独立动手或者相互合作，学会解决问题，发展数学和科学概念。

表演中心——放置用于文艺表演的头饰、服装、乐器等。我们设想，喜欢文艺的学生可以通过表演的形式，生动呈现出他们对于所学内容的理解，进而发展形象思维、语言表达技能和社会情感技能。

（三）课程内容与实施

1. 课程内容

（1）筛选内容

依据不同年级学生的年龄特点和阅读兴趣，参考了《上海市中小学语文课程标准（试行稿）》，我们选择中外经典文学著作作为"梦想乐园"的内容，并确定了八大主题：奇趣动物、奥妙自然、浓香亲情、七彩校园、奇思妙想、百味科学、怪味哲理、动感信息。

表 3-7 "梦想乐园"课程内容（一至四年级）

序号	课程内容	课时安排
一年级		
1	"学习中心"先导课 1	1
2	"学习中心"先导课 2	1
3	"学习中心"先导课 3	1
4	"学习中心"先导课 4	1

序号	课程内容	课时安排
二年级		
1	《大脚丫跳芭蕾》	2
2	《波力不怕》	2
3	《波力你真棒》	2
4	《天空在脚下》	2
5	《我不是故意的》	2
6	《学游泳》	2
三年级		
1	《银椅》	2
2	《足球赛》	2
3	《随风而来的玛丽阿姨》	2
4	《犟龟》	2
5	《洞》	2
6	《大象舅舅》	2
四年级		
1	《陌生的世界》	2
2	《红蚂蚁》	2
3	《母女之间》	2
4	《三足鼎立》	2
5	《如果有一天》	2
6	《奇妙的睡尘湖之旅》	2

（2）设计结构框架

在精心挑选书籍的基础上，我们确定了"梦想的乐园"课程的结构框架。每个阅读篇目由四部分组成：内容导读、背景资料、活动乐园、"学习中心"任务单。

［案例］《学游泳》（选自《笨狼的故事》）

书名:《笨狼的故事》	作者:汤素兰
出版社:浙江少年学生出版社	插图:江健文
出版时间:2008 年	适用年级:二年级

一、内容导读

笨狼信不过花背鸭,自己去图书馆借了游泳的书,在浴缸里自学。它以为自己学会了,就来到游泳馆。结果,笨狼掉进了水里,多亏花背鸭救了它。

二、背景资料

汤素兰是湖南少年儿童出版社文学编辑、中国作家协会会员。

三、活动乐园

(一)"学习中心"目标

阅读中心:阅读《学游泳》,复述故事。

写作中心:以他人的口吻告诉笨狼应该怎样学游泳。

表演中心:表演笨狼学游泳。

艺术中心:画一个场景。

发现中心:在书的相应位置找到相关信息。

媒体中心:收集图文资料,了解汤素兰更多的作品。

(二)学习过程

1. 教师介绍作者和作品,引出阅读主题。

2. 各小组根据任务单,合作完成"学习中心"的任务,教师适时指导。

(三)成果分享

发现中心、阅读中心、写作中心、艺术中心、表演中心、媒体中心成果分享。

四、"学习中心"任务单

(一)阅读中心

1. 自读《学游泳》。

2. 完成填空,想一想:笨狼在家学会游泳了吗?

其实笨狼并没有（　　　），因为他一直也没发觉（　　　），只是他以为自己学会了游泳。

3. 根据故事大纲，用自己的话说说笨狼学游泳的故事。

（1）夏天来了，笨狼想学游泳。

（2）笨狼不要花背鸭教，借来书籍，在浴缸里练习游泳。

（3）笨狼以为自己会游泳了，于是向青蛙小姐炫耀，结果落进游泳池。

（4）被花背鸭救上来后，笨狼把书扔进了游泳池。

（5）毛驴伯伯惩罚笨狼的损坏书的行为。

（6）笨狼终于学会了游泳。

（二）写作中心

1. 自读《学游泳》。

2. 选择一个喜欢的角色，以它的口吻告诉笨狼应该怎样学游泳，并写下来。

（三）表演中心

1. 阅读《学游泳》。

2. 按照剧本要求，分配角色，自读台词。

3. 小组合作串读台词。

4. 排演情景剧。

（四）艺术中心

1. 听《学游泳》故事的录音。

2. 把听到的印象深刻的内容画下来。

3. 说说你为什么这么画？

（五）发现中心

翻阅《笨狼的故事》，根据书籍常识卡，找到相关信息并填空：

1. 在书的前勒口处找一找，你可以知道《笨狼的故事》作者是（　　　），（　　　）人，代表作有（　　　）系列，（　　　）系列，（　　　）系列等。

2. 根据书封面上的信息，你知道了《笨狼的故事》是由（　　　）出版社出版的。

3. 通过目录，你知道《笨狼的故事》里一共有（　　　）个故事，其中第

（　　　）个故事就是《学游泳》。

4. 通过书的后勒口可以知道，"笨狼的故事"系列一共有（　　　）本书，除了《笨狼的故事》，还有《　　　　　》《　　　　　》和《　　　　　》。

（六）媒体中心

1. 听《学游泳》的故事。

2. 观看媒体介绍，认识汤素兰，了解《笨狼的故事》。

3. 组内交流，除了《笨狼的故事》，你还对汤素兰的哪些书感兴趣。

五、课程实施

（一）学时安排

一年级作为"学习中心"阅读课程实施的起始年段，我们设置两学期共4个课时的课程先导内容，以学习习惯的培养为主，重点落实分组、学习流程、组长培训等内容。

二至四年级，按照八类主题，由浅入深排列课程内容，每学期 6 课时，每学年共 12 课时。

（二）实施时间

作为拓展型课程，"梦想乐园"每月进行一次基于"学习中心"的校本阅读课程的学习。每个阅读篇目教学时间为 2 课时，其中 50% 以上时间用于学生在各个中心的阅读学习。

（三）课堂教学

"梦想乐园"课程的教学主要采用合作学习的策略，分为三个环节。

图 3-8　"学习中心"学习和小组合作汇报

1. 5 分钟集中教学

教师组织集中教学，研读篇目涉及的人物、内容，以及简要介绍作者等信息。

2. 20—25 分钟的中心学习

学生按照自己的课程表，选定进入的中心，小组合作完成学习任务单。任务单是教师依据学生年龄特点、阅读兴趣、阅读篇目内容及各学习中心的主旨特点设计的阅读要求。

3. 15—20 分钟的合作汇报

学生小组合作，向全班同学汇报，分享各自学习的成果、体会、发现等。

六、课程评价

（一）评价表

"梦想乐园"课程采用学生自评、互评与教师核定的方式进行评价。

（二）评价说明

每学期一张评价表，每次课后，学生先自行完成相应的评价项目，然后交给组长进行组内互评，最后由教师核定评价。评价运用等第制：优秀、良好、合格、需努力四个等级。若阅读学习成果是文字作品、图画作品或者声频、视频作品等，学生可以另附文字稿、电子稿。评价资料将载入学生成长档案。

总而言之，"梦想乐园"课程的教学旨在鼓励学生个性化学习，尊重学生的差异性。多元智能理论在"梦想乐园"课程的实施中起到了指导作用。根据多元智能理论，教师不应将完成课程目标作为重点，而要从学生的需求出发，将重心放在学生身上，根据学生现有知识的水平不同，来合理设计教学资源，并采用多元的评价手段来促进学生个性化发展。从教学策略上来看，多样化的教学手段有利于促进学生多元智能的培养，如自学过程中，培养了学生信息收集的能力；小组展示中，培养了学生信息整合能力和舞台表现能力；小组讨论中，培养了学生的领导能力和交流能力等。从教学过程来看，"梦想乐园"课程教学淘汰了传统课堂的填鸭式的教学方法，为学生组织多样化的学习活动，在活动中激发学生多元智能，全方面地培养学生能力，确保学生的主体地位，实现差异性教学。

二、"我的情绪朋友"校本课程

"我的情绪朋友"是针对小学生情绪智力（情商）培养的一门校本课程。作为一门校本课程，这门课程将校园文化作为其重要资源，既要考虑到学生心理的发展和成长特点，又要兼顾学校办学理念和学校特色，旨在让学生处于一个有形或无形的文化环境和精神氛围中，不断提升情绪智力。该校本课程实施分为三个阶段：低年龄段（1—2 年级）、中年龄段（3—4 年级）、高年龄段（4—5 年级）。根据学生的年龄特点，每个年龄段课程安排学习 6 种不同的情绪。

图 3-9 "我的情绪朋友"校本课程教材

（一）课程建设的理论依据

情绪智力，又叫情商，是指个体监控自己及他人的情绪和情感，并识别、利用这些信息指导自己的思想和行为的能力。换句话说，情绪智力就是个体认识情绪和管理情绪的能力，是影响个体应对环境需要和压力的一系列情绪的、人格的和人际能力的总和。

情绪智力是决定一个人在生活中能否取得成功的重要因素，直接影响人的心理健康。情绪智力包括以下五种能力。

1. 认识自身情绪的能力

认识自身情绪的能力是指能够监视情绪的变化，察觉某种情绪的出现，观察和审视自己的内心体验。它是情绪智力的核心，只有认识自己，才能成为自己生活的主宰。

2. 妥善管理自身情绪的能力

妥善管理自身情绪的能力是指对自己的快乐、愤怒、恐惧、爱、惊讶、厌恶、悲伤、焦虑等体验能够自我认识并自我调节，如自我安慰，主动摆脱焦虑、不安的情绪。

3. 自我激励

自我激励指面对自己要实现的目标，随时进行自我鞭策、自我说服，始终保持高度热忱、专注和自制。

4. 认识他人的情绪

认识他人的情绪指能够通过细微的社会信号，敏感地感受到他人的需求。认知他人的情绪，是与他人正常交往、实现顺利沟通的基础。

5. 人际关系的管理

人际关系的管理指管理他人情绪的艺术，一个人的人缘、人际和谐程度都和这项能力有关。深谙人际关系者容易结识新的朋友，而且善解人意，善于从别人的表情来判读其内心感受，善于体察其动机、想法，其与任何人相处都愉悦自在，能担任集体感情的代言人，引导群体走向共同目标。

学生的情绪智力是由个人先天因素（气质、性别等）和后天环境（家庭教育、学校教育、社会教育）相互作用的结果。情绪智力包含对情绪的知觉、理解、使用和调节。国外有关情绪智力培养方案一般采用戏剧（角色扮演）表演训练、艺术表现训练（绘画、音乐等）以及故事阅读（讲故事）等方式，都取得了一定的效果。此外，直接就情绪智力的某些方面进行教授，也是可以采取的办法。在认识到这一点后，杨浦小学的"我的情绪朋友"校本课程培养方案依托"能力取向"的理论，围绕情绪智力展开课内、课外实践活动，以此来不断提升学生的情绪智力水平。

"我的情绪朋友"课程目标是通过课堂讲授以及相应的课外练习与活

动，培养学生对情绪的识别、理解、运用和控制能力，帮助学生更好地适应学校生活环境，促进有效的人际交流，提升社会性的发展。具体而言，"我的情绪朋友"课程目标包括以下四个方面。

（1）了解情绪是什么，知道各种情绪是如何产生的，认识到情绪在生活中的普遍性和重要性。

（2）学会识别自己和他人不同的情绪，了解自己或他人产生相应情绪的合理性，能在一定程度上预测在某种特定情境下会产生某种特定情绪。

（3）知道什么时候可以毫无顾忌地表现自己的情绪，什么时候要对自己的情绪进行克制或者不能在某些场合表现出特定的情绪，基本掌握不同情境下情绪的表达规则。

（4）在了解情绪表达规则的基础上，了解如何应对自己的情绪，包括如何释放情绪，如何抑制情绪表露或者转化情绪，基本掌握不同场合的情绪应对方法，初步学会对自己的情绪进行有效的管理。

在设计课程时，基于高尔曼（Gallman）在《情绪智商》一书中指出的八种基本情绪（愤怒、悲哀、恐惧、快乐、爱、惊奇、厌恶、羞耻）和梅耶等人（Mayer，Salovey，Caruso，Sitarenios，2001）指出的六种情绪（快乐、生气、害怕、悲伤、厌恶、惊讶），杨浦小学根据学生的实际能力，将研究内容分为五种简单情绪（高兴、伤心、生气、害怕、惊讶）和七种复杂情绪（自豪、内疚、嫉妒、紧张、孤独、羞耻、尴尬），考查学生在这 12 种情绪上情绪感知、情绪理解、情绪运用和情绪管理四种能力的表现。

（二）课程内容与实施

1. 课程内容

"我的情绪朋友"课程由三个模块组成，分别是学校开设的教育课程、针对教师的培训、针对家长的配合说明，全方位建立良好的学习氛围，促进情绪智力的全面提高。

（1）学校开设的教育课程

这部分课程内容由课堂授课和课后练习两个部分组成。

① 课堂授课

教师创设情境，对学生进行情商训练。例如，有的学生骄傲自大、目中无人，教学中就可创设一些挫折情境，打消其傲气，锻炼其耐挫力。教师必须了解学生的心理现状，抓住有利时机，创设适当的情境，因材施教，使学生健康成长。因此，杨浦小学的这套校本课程以情绪感知、情绪理解、情绪运用、情绪管理四种情绪智力能力为主要内容，按照初级情绪、中级情绪、高级情绪的顺序开展，也可以将几种相关或相反的情绪进行组合，让学生学会如何识别、理解、表达、控制每一种情绪。授课形式既有传统的教师讲授形式（主要是对情绪的认识和应对方法等知识性和指导性的内容），也有互动交流和表演等学生活动的形式。

情绪类型主要分为：初级情绪（快乐、生气、害怕、伤心、厌恶和失望），中级情绪（自豪、紧张、孤独），高级情绪（内疚、嫉妒、羞耻、尴尬）。情绪能力包括：情绪识别、情绪理解、情绪运用、情绪管理。

课程顺序可以按照情绪的等级，从简单情绪到复杂情绪，循序渐进地开展课程。情绪能力的培养也需按照能力的等级，从识别、理解到运用、管理，逐渐推进。同时，也可以根据学生实际的发展水平和前一阶段的教育情况，进行有侧重的教育与训练。

除了直接讲授的形式外，还可采用戏剧（角色扮演）表演训练、艺术表现训练（绘画、音乐等）以及故事阅读（讲故事）等方式，逐步提升情商培养的效果。

② 课后练习

课后练习是针对课堂知识和技能在实际生活中的运用，目的是鼓励学生在与同伴的交往和父母的交流中，尝试运用所学的情绪策略解决问题，提升自己对情绪的理解能力和控制能力。

（2）针对教师的培训

教师对学生情绪发展、情绪智力等有关知识的掌握，也将直接影响到课程实施的整体效果。如果全体教师（而不只是担任该门课程的教师）对于情绪智力有较好的理解，那么就能发现学生的问题，并给予及时的教育和干预。同时，教师自身情绪的表现和应对能力也会成为学生的榜样，于潜移默化中影响学生的情绪智力发展。因此，不仅要求该门课程的授课教师掌握课程的内容与要求，还要力争所有的老师以及学校管理者都对该门课程的内容和意义有明确的认识和了解。对此，可以开展针对全体教师的培训，有效推进课程的实施，也让广大教师在自我情绪管理、身心健康等方面有所收获。

（3）家长的配合说明

情绪以及情绪智力的研究表明，在学生早期，家庭教养方式会直接影响学生情绪的发展。因此，在该门课程实施的过程中，如何获得家长的配合也是成败的关键。因此，我们不仅需要家长了解情绪智力教育的重要意义和家庭环境对孩子情绪智力发展的重要影响，还会让家长知晓学校所开展的情绪智力培养课程的具体内容。在课程设计中，我们会有意地将一些练习的环节延伸至家庭，让父母与孩子一起完成每个主题的各种练习，既能促进情绪智力各个方面的提升，也能间接改善家庭的交流和沟通情况，创造更和谐的成长环境。

学生情绪智力的教育不是一蹴而就的，需要立足于学生的实际能力和认知水平进行课程设计，通过及时的反馈和调整，让学生逐步建立起完整的情绪智力。

针对低、中、高不同年级的学生，"我的情绪朋友"设计了不同的课程内容分为三个阶段。

针对小学低年级学生，教育内容以初级情绪为主，主要训练情绪识别和情绪理解能力。

针对小学中年级学生，教育内容扩展到初级情绪的组合上，训练的能力也延伸到情绪运用和情绪管理能力。

针对小学高年级学生，着重介绍对高级复杂情绪的识别和理解，以及如何在各种具体的生活场景中对其加以运用；如何在对自己和他人的情绪有效觉察的基础上驾驭自己的情绪，让自己的情绪符合具体社会生活场景的要求。

该门课程共包括"快乐""害怕""生气""讨厌""伤心"和"失望"等六个基本情绪主题。

[案例]"我的情绪朋友"课程内容

一、快乐与表达

（一）了解自己和他人的快乐

既包括清晰地知晓自己是如何表达快乐的，如通过面部表情、语言、行动等来表达快乐的情绪，也包括如何识别他人的快乐情绪，如可以通过面部表情、语言、动作表达来识别。

（二）学会换位思考

引导孩子逐步建立一种将心比心、设身处地地理解他人的习惯。

（三）学会恰当地表达情绪

对于高年级学生，可以让他们讨论什么时候可以表现出快乐的情绪，什么时候不可以；当认识到某个场合不适合表现出快乐时，如何进行情绪管理，训练他们的情境判断和反应能力。

二、害怕与关心

能觉察同伴及他人的害怕的情绪，有同理心，会主动关心他人。

（一）了解害怕

可以让学生讲述自己在什么场合会感觉到害怕，会有什么表现，进而学会如何判断同伴是不是可能感觉到害怕。

（二）激发关心他人的动机

要让学生了解当同伴感到害怕时为什么要关心他，如果一直害怕下去，会有什么不好的后果，激发学生关心他人的动机，促进同学之间友爱之情。

（三）如何表现关心

应对害怕这一情绪，可以从两方面入手。一方面在了解害怕原因的基础上，消除这一原因；另一方面对害怕的当事人表达关心，而在表现关心的具体方式上需要进行指导，如让学生了解怎样的关心是合适的，怎样的关心只能帮倒忙，训练学生做出恰当的反应。

三、争吵与和好

该主题具有很强的现实意义。

（一）争吵中的情绪分解

现实生活中，同学之间或者孩子与父母之间会产生冲突、争吵，教师可以就某种情绪展开训练，如以愤怒为中心进行情绪识别、理解、管理能力的训练，这种训练比较适合低年级。也可以尝试让学生自己对争吵中的情绪进行分解，这种练习比较适合情绪和体验比较丰富的高年级学生。

（二）和好的方法指导

和好包含了很多认知技巧和应对方法。建议对低年级的指导注重针对性，如争吵后如何认错，从而在一定程度上避免人际关系的恶化；而对高年级学生，建议系统地教授和好策略，并要与低年级课程形成衔接，促进同伴关系、亲子关系的和谐。

四、兴奋与克制

（一）了解什么是兴奋

兴奋是一种用来统一描述各类情绪的指标。比如，快乐的情绪因为兴奋程度的不同会有不同的表现；同样，负向的情绪如愤怒，也会因为兴奋程度的不同而有不同的表现，要让学生理解兴奋与具体某种情绪之间的联系和区别。

（二）了解兴奋的表现

兴奋时，生理方面的表现为心跳加快，手心发热出汗，嘴发干等；外化动作方面表现为语速语音的变化，身体动作的改变等。要让学生既能识别出自己的兴奋状态，也能识别他人的兴奋水平。

（三）学习克制兴奋的方法

让学生们认识到，兴奋除了益处之外，也会对生活产生负面的影响，意识到克制兴奋的重要性。在进行克制方法的传授时，要强调思维策略在其中起的作用，通过正确的认知和恰当的行为，实现对兴奋水平的控制。

五、愤怒与发泄

（一）了解愤怒的表现

愤怒是一种基本的情绪，外在表现在面部表情、语音语速、身体动作等方面；内在表现在心跳加快、出汗、脸发热等方面。引导学生通过察觉他人的愤怒情绪，推知他人的感受。

（二）理解愤怒产生的原因

通过让孩子自己回忆，指出故事、漫画中人物情绪产生的前因后果，来加深对愤怒情绪产生原因的理解；也可让学生对愤怒情绪进行分级和分类。

（三）学习应对愤怒的方法

发泄是应对愤怒的有效方法。那么，该如何发泄？何时发泄？发泄的对象是哪些？不发泄有什么危害？这些都是可以通过学习掌握的。对愤怒情绪的管理与控制，有很多策略可教。

六、紧张与放松

（一）了解紧张的表现

可以通过让学生举例，来归纳得出紧张的具体表现，包括面部表情严肃，身体僵硬或颤抖，声音低沉，说话断断续续等。

（二）讨论紧张产生的原因

结合具体例子，讨论为什么会紧张，紧张情绪是好是坏。紧张有不好的一面，可能会使注意力无法集中；但是紧张也有好的一面，适度的紧张可以使表现更好。

（三）理解紧张情绪，进行放松训练

理解本身就是一种对紧张情绪的控制，同时，教授关于减轻紧张程度和放松的方法，如深呼吸，转移注意力（回忆轻松的事情）等。

七、孤单与友爱

（一）了解什么是孤单

举例说明在哪里感受过孤单，学校？家里？其他地方？通过描述情境以及自己和他人的反应（包括表情、动作等），了解孤单情绪的表现，并试着通过师生讨论，总结孤单产生的原因。

（二）学习如何应对孤单

在识别自己和他人孤单情绪，了解孤单的不良后果的基础上，讨论如何消除孤单。应对的方法可以从两方面入手，一是从自身出发，可以通过培养兴趣爱好、转移注意力来缓解孤单；二是从外部人际关系出发，主动与他人交流，或者向孤单的人伸出援手给予温暖，通过互动交流，逐渐消除双方的孤单。

八、委屈与倾诉

（一）了解什么是委屈以及委屈的表现

让学生举例说明什么情况下会产生委屈的情绪，说明委屈时的感受。通过对该情绪的自我体验，讨论委屈情绪的识别方法，然后推及他人什么情况下会产生委屈情绪，如何知道他人是否存在委屈的情绪。

（二）理解委屈情绪的影响

委屈会带来消极的体验（难受、伤心、失望、不知所措、不信任他人），让学生认识到委屈的产生具有合理性，不要一味忍耐。

（三）应对委屈的方法

倾诉是应对委屈的策略，既可以教会孩子运用这一策略解决自身的情绪困扰，也可以启迪学生在社会交往和日常生活中，有意识地帮助他人学会倾诉。

九、内疚与释然

（一）内疚的表现

内疚是一种负面情绪，表现为低着头，回避他人，觉得自己做错了等等，可以从他人目光躲闪、神情悲伤等表现中，推断他人可能感受到内疚，但是真正识别内疚，关键还是需要根据情境的线索。

（二）内疚情绪产生的原因

内疚情绪产生的原因可能是由于本人自认为做了错事，或因为自己带来了不好的结果。值得注意的是，一直内疚，只会把事情越做越糟。

（三）如何应对内疚

通过沟通，了解内疚产生的原因，排除误解，让他人理解，以减轻内疚感。

十、沮丧与鼓励

（一）了解什么是沮丧

启发学生体会、描述自己沮丧时的具体感受，引导他们分析沮丧产生的原因，学会了解他人可能会在什么情况下有沮丧的情绪。

（二）理解沮丧产生的原因

沮丧和挫折、失望有关，也很常见。自我反思的表现则是：我会有沮丧吗？什么时候会沮丧？有什么具体的表现？推及他人则是：别人沮丧时有何种表现？进而理解：为什么会沮丧？沮丧往往发生在什么情况下？

（三）学习应对沮丧的方法

沮丧情绪的应对方法主要包括两种，一种是自我安慰，也可以是转移注意力，如参加其他活动或者回想成功经历等；另一种是设法避免沮丧的情景，如重新设立合理的目标。

2. 课程实施

"我的情绪朋友"课程每学年安排 12 课时，"快乐""害怕""生气""讨厌""伤心"和"失望"六个基本情绪主题各占两课时。每个主题的教学按如下环节展开。

（1）课程导入

可以通过故事、漫画、视频等方式，引入具体的情绪。如果采用故事的话，可以以故事为主线贯穿整个课程。

（2）讲解与启发

通过提问、互动的形式，让学生明白情绪是什么，是怎么产生的，在生活中是否常见等。

（3）联系自己

让学生自己举几个关于情绪的例子，可以是在学校、家里或者其他地方的例子，引导他们尽可能详细地说明这个例子，特别是与情绪体验相关的部分。比如，每个学生讲出三个发生在自己身上的关于"快乐"情绪主题的例子，尽可能详细地将场景、人物、事情经过描述出来。

（4）联系他人

让学生举几个关于别人情绪的例子，既要说明对方是怎么产生这一情绪的，也要说明自己是如何判断对方产生了这一情绪的。比如，举出三个他人关于"快乐"情绪主题的例子，可以是家长、同学，或者是自己看过的各种作品中的人物，尽可能详尽地描述，并加入自己的理解。

（5）表现与表达

某种情绪产生的时候，让学生表演自己或者别人的表现，可以通过面部表情、音乐（如唱歌、击打或用任何乐器来表现快乐）、图画（如指认连环画，自己画画）以及口头表述的方式来表现。除此之外，教师还可以设定某个场景，询问学生在那种场合会有怎样的感受和怎样的反应。

（6）互动环节

针对其他同学的表述、举例、行为（如音乐、图画表现），进行交流和点评，加深对这一情绪的理解。在进入情绪运用和情绪管理部分时，讨论他人例子中的情绪反应是否有不妥之处，在老师的指导下，逐渐建立对情绪表达规则的认识。

（7）作业和练习

可以针对某个情绪主题，让学生进行场景、人物和脚本的调整，考查学生触类旁通的能力。除了书面或口头作业外，也可以进行相关的实践，如与同伴一起排练情景剧，也可以与家长进行交流互动等。

（8）情绪主题间建立联系

启发、引导学生思考情绪主题之间的联系，寻找不同情绪之间的联系和不同，加深对特定情绪的理解。

3. 课程评价

为了进行科学而准确的评价，"我的情绪朋友"的课程评价主要依托于配套的情绪智力测试工具进行。通过测试，一方面可以对学生参加课程前后的情绪智力的得分进行比较；另一方面会将参与情绪智力教育课程学生的情绪智力水平与同年龄未进行相关教育的学生进行比较，考察其在整体情绪智力水平和发展情况上是否有提高。

情绪智力发展水平的评价主要依托复旦大学开发的情绪智力测试工具，对学生的情绪识别、情绪理解、情绪运用和情绪管理能力进行科学的评估。测试方式包括问答和表现测试两种，对情绪智力发展水平进行全面的评价。在具体实施时，根据学生年级高低，一方面可以对测试方式进行调整，如低年级学生可以采用问答的方式进行测试，而高年级学生可以直接自己填写；另一方面可以对测试题目进行调整，低年级学生以图像形式呈现的简单问答题为主，侧重情绪的识别和理解，高年级题以文字呈现的情境问答题为主，侧重情绪的运用和管理。

该测试工具主要包含的内容如下：

① 情绪词汇：统计学生了解的消极和积极情绪词汇数量。

② 情绪定义：了解学生对不同情绪的理解。

③ 情绪一般问题：了解学生对情绪存在合理性的理解。

④ 情绪举例：通过考察能否举出特定情绪的例子，了解学生对这一情绪的理解是否正确。

⑤ 识别自己和他人的情绪：了解学生如何识别自己和他人的情绪。

⑥ 共生情绪：了解学生对两种情绪是否可能同时存在的认识。

⑦ 情绪隐藏：了解学生对情绪隐藏的理解。

⑧ 情绪改变：了解学生对情绪改变的理解。

⑨ 情绪表达测试：了解学生是否能区分内部和外部情绪的不同，评估学生对情绪表达规则的掌握程度。

⑩ 失望礼物测试：了解学生是否能对自己的情绪进行控制，是否能在特定场合表现出合适的情绪。

苏霍姆林斯基（Sukhomlinsky）说过："成功的教育应该在学生没有意识到受到教育的情况下却受到了毕生难忘的教育，而在这种潜移默化过程中所受到的教育往往具有水滴石穿的作用。"学校优良的校风、学风、教风建设，能够使学生一进学校就有一种荣誉感、责任感，在不知不觉中接受这种文化的熏陶，其对学生的成长尤其是情绪智力具有重要的影响作用。

第四章

"深度学习"创智课堂

随着混合式学习的推进,"学习空间"的内涵也开始有所拓展。客观来看,"学习空间"开始打破物理空间的局限,向虚拟空间方面的拓展。尤其是2012年以来,随着线上课堂的推进,包含物理学习空间和虚拟学习空间的混合学习空间成为学习者参与学习活动的主要场所。基于此,杨浦小学制定了《上海市杨浦小学小班化教育创新发展规划(2016—2018年)》。照此规划,我们在小班化"学习中心"的基础上,开始探索具有杨浦小学特色的"创智课堂",打造具有普适性的常规教室里的"学习空间"。

第一节
教学生态：多元动态

一、常规教室里的"学习空间"

"学习中心"（learning center）又称兴趣中心（interest center）、活动区域（activity area），它是一个特殊的教学空间，在这个空间里，不需教师始终在场指导。学生可以通过与学习材料的相互作用，以及和其他同学的相互作用来推进并完成学习任务。

从设计思路上来看，杨浦小学秉持"教育育人，管理育人，服务育人"的理念，因而校园环境的营造也应从学生的角度出发，注重改变当下从单纯的教学功能出发利用常规的学习空间的思路。

从需求理论上来看，学校首先是要满足学生的生理要求、安全需求；其次除应能满足学生和教师对知识的需求外，更应该能满足人更高层次的需求，特别是社会交往、归属感、相互尊重以及自我实现等需求，这也是学校与一般场所的最大区别。

从校园建筑上来看，教室的用处无疑是要提供一个良好的教学空间，旨在利用常规教室，满足学生学习基础、多元智能、学习风格的差异，运用多种教学策略和方法，发挥数字教学的优势，开展深度学习。因此，杨浦小学对常规的"学习空间"进行了如下规划和构想：

（一）益涂书写墙

在教室的左右两侧以及后侧墙壁上，涂上可重复多次书写并可擦拭的磁性油漆，使其成为益涂书写墙。益涂书写墙的设置能够扩大教学空间，便于全体学生参与学习并直观呈现小组合作学习成果。益涂书写墙的每面墙都可以随意书写，随时擦拭。师生可以把学习过程或学习成果用写、画、演等不同方式展现。每面墙又具有粘贴功能，小到一个符号、一张图片，大到一本书、一盆花，随贴随取，促进学生多元表达。

（二）好问角

好问角设置在教室的左后角，该区域设有一个教师座位和三四个学生座位，并配有共享文具，如白板、笔、作文纸等等，目的在于满足不同层次学生的需求。学习滞后的学生可以得到教师提供的个别辅导；质优生可作为教师的助教，帮助其他同学。

（三）资源桌

学生的每张课桌都配有可以随擦随写的白板贴。白板贴既可以记录学习过程，又可以分享学习成果。桌子的抽屉里配有人手一个 iPad，方便学生运用云平台学习。每张课桌可以单独用，也可以任意拼搭，便于人数不同的小组合作学习交流。每个小组的课桌旁配有工具箱，提供常用的工具和学具。资源桌便于学生与同伴、老师、互联网建立联系，开展多元学习。

（四）交互式电子白板

为了教师更清晰、方便快捷地呈现教学内容，我们将教室内的黑板统一更换为交互式电子白板，并设置智能讲台，在讲台后方设置专门区域，用以放置 iPad 及手提电脑。

（五）成果墙

在益涂书写墙的上方设置成果展示板，可供学生以不同方式展示学习成果，增强小组间的信息交流。

总而言之，现代常规"学习空间"的设计不能因循传统的设计模式，而要以新的理念来设计适应新时代发展需要的"学习空间"。希望现代常规

"学习空间"的设计能起到营造良好校园环境，提高学生综合素质，促进学生全面发展的作用。

二、小班化特色的"学习中心"

教学方法和学习方法的革新对空间的灵活性提出了新要求，如学校创建了"学习中心"来满足艺术、科学等不同科目的需要。原有的妨碍不同班级学生之间交往的条块分隔的教室构成明显弱化，而一种年级中心模式的教育空间得到了探索。我校对这部分的"学习中心"规划如下：

（一）"学习中心"创设的目的

创设"学习中心"的目的是打破现有的教室物理环境，创设多元的、动态的学习区域。现有的教室通常分为三个区域：教师的教学区域（讲台和黑板）、学生的学习区域（课桌椅）、师生的活动区域（走廊和教室板报台）。我们在现有的教室里，为学生构建了一个利于小组学习、多元的学习环境，发挥小班化教育的优势，促进每个学生富有个性的发展。

（二）"学习中心"的规划

以杜威"从做中学"和加德纳"多元智能理论"为依据，我们将现有的教室划分为六个区域，并依据"梦想乐园"课程特色，确定每个学习区域的名称，即媒体中心、写作中心、阅读中心、艺术中心、发现中心和表演中心。

图4-1　研究初期"学习中心"六个学习区域的规划

（三）"学习中心"的布置

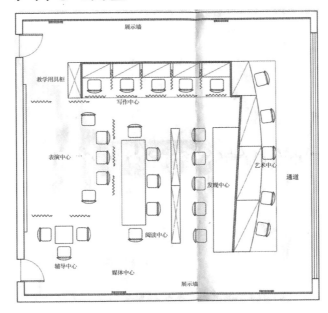

图4-2　"学习中心"的最终布置

1. 教师工作区

在媒体中心旁预留教师工作区域，放置橱柜、工作台、挂钟，便于教师准备和放取教学资料、学生文件夹。

2. 集中教学区域

教室正前方留有空地，放有坐垫，一方面便于集体教学时学生可以席地而坐；另一方面撤去坐垫后的空地可以供学生分享学习成果。

3. "学习中心"标示

在塑料板上写明各个"学习中心"的名称，并将其贴挂在各中心醒目位置上；标牌上留出空间，让进入该中心的学生放置"我的计划"卡。

（四）"学习中心"的配置

每个"学习中心"均配置桌椅、课堂学习资料，如"学习中心"任务单、活动资料、工具书、小闹钟、文具等。此外，各中心因学习要求差异，配置的材料也有所区别。

1. 媒体中心：耳机、电脑、录放机、CD光盘、VCD光盘、文具等。

2. 写作中心：白板、纸张、橡皮、尺、词典、图书等。

3. 阅读中心：需阅读的书籍（谜语、笑话集、诗歌）、字典、词典、百科全书、文具等。

4. 发现中心：放大镜、指南针、天平、温度计、植物、动物、贝壳、书籍、模型、跳棋、智力拼图、手持白板或磁性板等。

5. 表演中心：玩具、木偶、面具、服饰、生活场景或生活主题的道具、乐器、节拍器、剧本、保护垫等。

6. 艺术中心：画架、隔板、画笔、颜料、荧光笔、蜡笔、胶水、剪刀、订书机、纸张、拼贴资料、参考绘画书籍等。

（五）"学习中心"的功能

"学习中心"六个学习区域在功能上各有侧重。

1. 媒体中心：发展信息搜索能力、视听能力。

2. 阅读中心：发展阅读能力。

3. 写作中心：发展书面表达能力。

4. 发现中心：满足好奇心，鼓励探究，学会解决问题；发展数学和科学概念。

5. 表演中心：角色扮演，发展形象思维、语言表达技能和社会情感技能。

6. 艺术中心：发展艺术表达和创作技能。

（六）"学习中心"的运作

各中心学习任务设计突出多元智能特点，以二年级儿童诗《我家是动物园》为例：

1. 表演中心：要求学生阅读全诗，表演其中一节内容。

2. 媒体中心：要求学生借助网络查找该诗的作者、作品背景资料。

3. 发现中心：要求学生将裁剪成纸条的诗句排列成完整的诗歌。

4. 写作中心：要求学生仿写诗歌。

5. 艺术中心：要求学生发挥想象，画一个诗中出现的人或物。

6. 阅读中心：要求学生阅读全诗，推荐自己喜欢的内容并说明理由。

学生进入"学习中心"后，在组长的带领下，按照任务单的要求，有序开展学习活动。教师巡视并给予各中心必要的帮助，对少数阅读滞后的学生给予个别辅导。

"学习中心"是一个优化的学习空间，便于教师在有限的时空内更有效地组织小班化教学活动，为每个学生提供适切的学习机会，让每个学生体会到学习成功的乐趣。

（七）"学习中心"的教学常规

1. 填写计划表

学生进入"学习中心"前，会拿到一张彩色硬纸卡片，正面填写班级、姓名，反面是"我的计划"表，上面分两栏：日期和"学习中心"六个学习区域的名称，学生通过打钩标示自己所选的学习区域。

2. 设计学习任务单

在"学习中心"中的每个学习区域，教师根据教学内容设计了不同的学习任务单，上面有具体的学习要求等，为学生在各学习区域开展自主学习提供方向和提示。

3. "学习中心"使用流程

首先，了解"学习中心"，如教师介绍中心名称，小组讨论选择学习区域，并在"我的计划"卡中填上日期和所选择的学习区域。

然后，进入"学习中心"，将"我的计划"卡插入中心的标牌中。

接着，主持人拿出学习任务单，带领同伴开展学习。

最后，整理"学习中心"的物品，取回"我的计划"卡，离开。

4. "学习中心"的使用规则

"学习中心"的使用规则是针对小组合作学习提出的，具体包含四个方面：

第一，听从教师安排，在组长的带领下，按"我的计划"有秩序地进入中心学习。

第二，根据学习任务单要求，使用相关文具、设施和参考资料，爱护公物。

第三，按学习任务单进行学习、交流，不大声喧闹，不擅自离开中心。

第四，离开中心前，需将设备关闭，物品及座椅还原。

（八）合作学习小组建设

为确保教学效果，在进入"学习中心"之前，需做好教学准备工作，主要围绕合作学习小组建设展开，具体步骤如下：

1. 熟悉环境

组织学生进入"学习中心"，帮助学生了解中心的布置，熟悉中心的功能，牢记中心的使用规则，为学生下一步进入各学习区域进行学习奠定基础。

2. 异质分组

教师根据每个孩子的兴趣爱好、智能结构、学习能力等进行异质分组，分为六组，以便进入六个学习区域进行合作学习。

3. 合作学习技能的培训

合作学习技能的培训工作主要包括：组长的培训和组员的培训。

（1）组长的培训

① 正确使用"学习中心签到卡"。

② 准确理解和运用"组长任务单"。

（2）组员的培训

① 模拟进入"学习中心"。

② 将自己的"学习中心签到卡"钉在中心内的签到板上。

③ 学会在"学习中心签到卡"上记录本次学习的日期以及所进入的学习区域的名称。

这两方面的培训为合作学习奠定了基础。学生进出中心井然有序，参与合作学习活动效率明显提高。

为了使学生尽快熟悉"学习中心"的环境和各中心的功能，我们会对首次进入"学习中心"学习的学生上一堂"学习中心"准备课——"我的发现"。

[案例]"我的发现"教学设计

一、导入

师：小朋友们，今天我们来到这个特别的教室来上一堂课。这个教室不同于我们以往的教室，虽然大小一样，可是布局却很不一样。我们给这个教室取了一个好听的名字，叫"学习中心"。

二、介绍"学习中心"

师："学习中心"一共有六个区域，下面我就分别来介绍一下。老师看看谁的小眼睛看得最仔细，谁的小耳朵听得最认真，谁的脑袋动得快、记得牢。

（一）媒体中心

师：看，这是哪儿？（媒体中心）媒体中心里摆放了许多媒体设备，有我们常见的电脑，也有我们没见过的。通过媒体中心，我们可以快速、有效地获取我们需要的知识和资源，这为我们学习带来了很多方便。那么究竟有些什么呢？你们快去发现吧。

（二）写作中心

师：这是哪儿？（写作中心）写作中心提供了一个舒适的、适合习作的良好环境，里面有各类书籍，有的是故事书，有的是工具书，相信它们能帮助到你们写作。当然，这里还有写作时必不可少的文具用品。你们可以在这里尽情思考，动笔书写自己的感受和想法并与小组成员们交流。

（三）阅读中心

师：这是哪儿？（阅读中心）阅读中心摆放着各式各样、种类繁多的书籍，有中国的古典名著，也有外国的经典小说；有精彩有趣的童话故事，也有富有哲理的寓言故事。喜欢阅读的小朋友来这里真是再适合不过了。书是人类进步的阶梯，相信你们一定能够从中获得知识、力量，得到熏陶。

（四）发现中心

师：这是哪儿？（发现中心）发现中心内容丰富，涉及天文、地理、物理、科学、化学、生物等多个方面。在这里，你可以积极动脑、动手，和组员交流，做个小小探索家。

（五）艺术中心

师：这是哪儿？（艺术中心）艺术中心放着许多和艺术有关的材料和工具。在这里，你们可以画画、折纸、剪贴等等，想象力、动手能力可以得到充分的锻炼。老师期待着你们五彩斑斓的作品。

（六）表演中心

师：我们来看最后一个中心，这是哪儿？（表演中心）表演中心，为各位小朋友们提供了一个展示自己的舞台。爱好和擅长唱歌、跳舞、表演的小朋友可以来这里，利用这里摆放的各种不同的道具，把自己的歌喉、优美的舞姿表演出来，供大家观赏。

三、分组进入各学习区域学习

师：分组进入各中心，找找你都发现了什么。今天第一次来，由老师来安排哪个小组进入哪个学习区域，如果你没能进入自己喜欢的学习区域，也没关系，在今后的日子里，我们会不停地轮换，相信你一定能够在每个学习区域里都能得到知识和快乐。下面开始分组。

"活力兔"小组进入"发现中心"，"乖乖羊"小组进入"媒体中心"，"玛丽猫"小组进入"表演中心"，"智慧狗"小组进入"阅读中心"，"精灵鼠"小组进入"写作中心"，"跳跳虎"小组进入"艺术中心"。

各小组开始学习，老师巡视。

四、总结

师：今天第一次进入"学习中心"学习，每一位小朋友都顺利地完成了学习任务，让我们给自己一些掌声。你进入的是哪个学习区域？你喜欢吗？为什么？

总体上来看，杨浦小学对新型学校的探索有如下特征：首先，注重以多功能的开放空间取代由长外廊连接普通教室的封闭型空间；其次，由以满足"教育"实施为主的空间，向以满足"学习"为主的空间转变；再次，注重空间环境的生活化、人情化、多样化；最后，注重向社会及社区开放，与其融合，在最大程度上保证学生的成长。

三、"学习中心"创设的有效性研究

为掌握我校"学习中心"使用的效果，2011 年 5 月，在华东师范大学大课程与教学系语文学科硕士生的协助下，我们对实验班学生进行了有关"学习中心"使用效果的调查。

（一）调查对象和内容

本次参与调查的学生共计 21 位。由于一个学生过于内向，无法和调查者正常交流，故有效的调查对象为 20 位学生。

表 4-1　每位学生去过的学习区域数量统计

学生名字	去过的学习区域个数
于＊轩	2
白＊宜	2
杨＊雯	2
来＊溢	3
殷＊	2
张＊	2
何＊洋	2
梁＊莹	2
缪＊均	3
李＊诺	过于内向，不肯说话
高＊民	2
王＊轩	2
杭＊宁	2

学生名字	去过的学习区域个数
王＊瑶	2
杨＊霖	2
冯＊怡	2
何＊然	2
谢＊辰	2
高＊屹	2
白＊榕	2
彭＊怡	2

表 4-2 "学习中心"喜爱度统计（N=20）

学习中心	喜欢的人数	百分比	原因
媒体中心	4	20%	1. 喜欢电脑。 2. 喜欢用电脑查东西。
写作中心	0	0	/
阅读中心	2	10%	1. 喜欢看书。 2. 有很多书可以看。
发现中心	6	30%	1. 该中心放置的东西最多：百科全书、指南针、木偶等。 2. 可以学到很多科学知识。 3. 听其他同学说自己的探索发现，很有意思。
艺术中心	6	30%	喜欢画画、折纸。
表演中心	2	10%	1. 有很多喜欢的乐器。 2. 喜欢表演。

表4-3 "学习中心"不喜爱度调查（N=19）

学习中心	不喜欢的人数	百分比	原因
媒体中心	2	11%	1. 不太会用电脑。 2. 全部是听的形式。
写作中心	3	16%	1. 不喜欢写作。 2. 趣味性不强。
阅读中心	0	0	/
发现中心	2	11%	1. 书上有很多字不认识。 2. 东西太多，时间来不及。
艺术中心	2	11%	不喜欢画画。
表演中心	5	26%	1. 跳舞太难。 2. 不喜欢表演。 3. 记不住动作。
没有不喜欢的中心	5	26%	未去过"学习中心"。

注：调查对象共计21位学生，其中有2位未能说清楚不喜欢的中心，所以有效的调查对象为19位学生。

表4-4 "学习中心"有效学习时间统计

学生名字	学习时间（分钟）
于＊轩	10
白＊宜	11
杨＊雯	11
来＊溢	11
殷＊	11
张＊	10

学生名字	学习时间（分钟）
何＊洋	7
梁＊莹	14
缪＊均	11
李＊诺	9
高＊民	13
王＊轩	10
杭＊宁	11
王＊瑶	12
杨＊霖	11
冯＊怡	10
何＊然	12
谢＊辰	12
高＊屹	12
白＊榕	10
彭＊怡	12
平均学习时间	10.95

注：上课时间共计 45 分钟，其中集体学习的时间为 15 分钟，"学习中心"学习时间为 15 分钟，成果展示时间为 15 分钟。

（二）调查分析

从上述表格中我们可以看出，学生去过的学习区域数平均为 2 个。30% 的学生最喜欢发现中心和艺术中心，选择前者的理由是发现中心内放置了百科全书、指南针、木偶等有意思的东西，在该中心内能够获得有趣的发现与体验；选择后者的理由是喜欢画画、折纸。在"学习中心"内，学生平均有效学习时间约为 11 分钟。

（三）研究结论

在"学习中心"的校本阅读课程教学实施过程中，我们发现，进入"学习中心"的学生在阅读方面普遍发生了如下变化：

1. 学习兴趣明显提高

对学生来说，"学习中心"是个很新奇的事物，大大激发了他们的学习兴趣。

2. 学习方式多样化

学生可自行选择自己喜欢的学习方式，这在一定程度上培养了他们的自主意识。虽然进入的学习区域不同，学习方式不同，但学习目标是相同的。

3. 思维更加活跃

在"学习中心"，学生的想象力被充分调动，他们天马行空的想法总是让我们很惊讶。对学生的学习成果，我们会更多地给予肯定，这也在一定程度上鼓励了学生的创新思维。

4. 学习任务的完成度提高

学生虽然进入的学习区域不同，需要完成的任务也不一样，但通过每次的成果展示环节，我们发现，学生基本都能够根据学习任务单较好地完成规定的任务。

在这样开放式、电子化教学模式下，学校对教师的要求不是降低了，而是更高了。例如，教师的知识过专、过窄，已经不能满足新的教学模式的要求，需要拓宽知识面；过去使用所谓标准的权威教材，有的教师备一次课能用十多年，现在由于能通过互联网几乎可以获得各种信息，学生的视野开阔了，知识面也丰富了，这就迫使教师对所传授的知识作必要的调整、充实、拓宽和提高。因此，教师必须提升个人素养，成为新时代下学生在探索知识过程中的指导者，进而为提高杨浦小学教育教学水平添砖加瓦。

第二节
教学设计：立足课程标准

课程标准是指导学校教育和教学工作的指导性文件，它具有确保国家、地方和学校具备一定的教育水准，为国民提供接受同一水准的教育机会的功能。目前，从世界范围来看，课程标准的层级分为三种形式：即国家课程标准、地方课程标准和学校课程标准。各国因政治制度和教育制度的不同，其课程标准也有一定差异。

一、语文教学设计

（一）立足课程标准

"充分关注表达"这一课程标准，着重突出了三点要求。其一，教学中要特别关注通过语言文字的范例和实践来引领学生学习语言文字的运用，包括重视语言形式的学习和注重表达方法的学习两个方面。其二，要改革创新语文教学的模式和方法，突出实践环节，落实基础训练，增强运用能力，这就要求教师要在"四个吃准"（即吃准学段目标、教材编写意图、课文特点、学生学情）的基础上，精心设计学生的语文学习实践活动（包括综合设计朗读、默读、背诵、速读、精读等读书活动和科学设计课堂练笔活动等），引领学生读写结合、读中学写、用写促读、读用联动，尽可能增加语言文字实践的机会，促进学生语言文字运用能力的整体提升。其三，教师要深入学习课程标准，了解各学段的目标要求，特别是关于知识能力的要求，选择切合学生实际的教学内容和教学策略，对学生的阅读和表达进行有序的训练，旨在逐步提高学生的语言运用能力和思维品质，丰富他们的情感体验。

（二）教材分析

以小学语文新教材三年级第一学期第五单元为例，该单元是一系列介绍欧洲风情的文章，向学生打开了一扇了解世界各地人文历史的窗户。通过学习，学生在书页间自由快乐地穿梭旅行，感受"身未动，心已远"的境界。《令人神往的日内瓦》便是其中的一课，课文从绮丽的风光、人与自然和谐相处、重要的外交舞台等方面介绍了令人神往的瑞士旅游胜地日内瓦。课文第一节介绍日内瓦是个风光绮丽、令人神往的地方；第二节是文章的重点，具体介绍了日内瓦湖的景色以及日内瓦市民爱护小动物，与自然和谐共处的具体表现；最后一节介绍了日内瓦是一座国际城市，是一个重要的外交舞台。引导学生阅读课文时，不仅要让学生感受到日内瓦风景的美丽，更重要的是，要引导学生掌握一定的阅读与表达的方法。

（三）学情分析

1. 已有知识和生活经验

对于瑞士的著名旅游胜地日内瓦，学生在此之前鲜有了解，但是学生已经预习过课文，对课文内容有一定的了解，所以教师尝试运用较直观的方式教学（让学生欣赏日内瓦的图片及其地图），创设情境让学生较快进入课文学习。

2. 学习方法和技巧

通过前几篇课文的学习，学生已经初步了解一些理解词语的方法，如通过换词、联系上下文、查字典等方法来理解词语。教师将在此基础上，继续指导学生运用联系上下文等方法理解和积累文中词语。

此外，刚跨入三年级的学生阅读分析能力有了一定的提高，但他们对课文的理解始终处于局部的范围，在整体阅读上有所欠缺，学习如何抓住课文的主线，深入阅读课文，是这一时期的重要任务。教师需要对学生多加训练，引导学生把课文读完整，并联系上下文思考问题，提高阅读能力。

3. 个性发展和群体提高

新课程标准强调一切为了学生的发展，使每个学生都能在原有基础上得到一定的发展。《令人神往的日内瓦》这篇课文要求学生具有一定的阅读能力和语言表达能力，掌握并运用一定的方法理解词语。因此，在教学过程中，尤其要关注那些平时学习方法有问题、语言表达有困难的学生；针对一些基础较好、理解能力较强的学生，可以在其回答问题的规范性、完整性方面有所侧重。

（四）教学片段设计

[案例]《令人神往的日内瓦》教学片段设计

1. 学习第二节，知道日内瓦湖的方位

（1）朗读第二节。

（2）借助媒体，找到日内瓦湖所在的位置。

（3）理解词语"全境""贯穿"。

教学策略说明："全境"和"贯穿"这两个词语比较抽象，对于三年级的学生而言，理解有难度。通过媒体演示，直观明了，而且整个日内瓦的地理位置也清晰地呈现了。

2. 品读、积累描写日内瓦风光绮丽的句子，并向同学推荐

（1）自由阅读第二节，要求用直线标出描写日内瓦风光绮丽的句子。

板书：风光绮丽。

（2）学生交流，教师随机出示描写日内瓦风光绮丽的句子。

"湖的形状略像一弯新月，水色湛蓝，犹如翡翠铺成。"

"湖的南岸，高耸的雪峰上，白雪皑皑。"

"沿湖公园密布，一幢幢造型奇特的别墅掩映其间。"

"湖中有一座高达130米的人工喷泉，群群白鸽在湖畔漫步，天鹅、海鸥、野鸭在湖中追逐嬉戏。"

板书：湖、雪峰、公园、别墅、人工喷泉、各种鸟儿。

自由读读这四句话，挑选一句最喜欢的，向大家推荐一下。

要求：有感情地朗读你推荐的句子，并说出推荐的理由。

教学策略说明：教师给予学生充分的时间朗读、品悟，并向同学推荐。

（3）学生交流，教师点拨，随机板书。

"湖的形状略像一弯新月，水色湛蓝，犹如翡翠铺成。"

要求：理解词语"略"以及比喻句。

"湖的南岸，高耸的雪峰上，白雪皑皑。"

要求：理解"白雪皑皑"，指导书写"皑"。

"沿湖公园密布，一幢幢造型奇特的别墅掩映其间。"

要求：理解"掩映其间"。

"湖中有一座高达 130 米的人工喷泉，群群白鸽在湖畔漫步，天鹅、海鸥、野鸭在湖中追逐嬉戏。"

要求：体会小动物的悠闲、快乐、自在。

教学策略说明：这四个句子具体描写了风光绮丽的日内瓦，让学生自己品读、积累"向大家推荐一句自己最喜欢的句子"的方式不仅可以体现"以学生为主体"的教学理念还可以让学生在畅所欲言、自由表达中，将课文语言内化成自己的语言。

板书：形状、水色、南岸、沿湖、湖中。

3. 朗读描写日内瓦风光绮丽的句子，熟读成诵

4. 教师小结

作者先描写了湖的形状，然后分别描写了湖的南岸、沿湖以及湖中的景色。

5. 请学生按照顺序，借助板书，用上积累的语句，介绍日内瓦湖的风光

教学策略说明：在对描写日内瓦湖景物的语句有了一定积累的基础上，通过"爱做的做小导游"这个的形式，让学生按一定的顺序来介绍日内瓦湖。

（五）教学设计评析

语文教学评价的目的不仅是为了检测教学目标的达成情况，更重要的是及时向教师和学生提供反馈信息，有效地改进教师的教学和学生的学习，激发学生学习热情，促进学生的发展。语文教学评价应体现检查、诊断、反馈、激励、导向和发展的功能，尤其要注重发挥诊断、激励和发展的功能。基于此，《令人神往的日内瓦》教学注重语言的训练，将渗透写作方法作为

突破口，充分关注了孩子的表达，促进了学生语文素养的提升，是一堂充满"语文味"的语文课。

二、数学教学设计

（一）立足课程标准

课程标准是学科教学的基准，它规定了一门学科的性质、目标、内容和实施要求。如果说课堂教学是教师掌舵的一次远航，那么课程标准就是学习旅途的航向，基于标准的教学设计是抵达彼岸的航线。

《上海市中小学数学课程标准》（以下简称《标准》）对小学一二年级"数与运算"教学，有明确的要求：

1. 知识技能

① 经历从日常生活中抽象出数的过程，理解常见的量；了解四则运算的意义，掌握必要的运算技能；了解估算。

② 经历从实际物体中抽象出简单几何体和平面图形的过程，了解一些简单几何体和常见的平面图形；感受平移、旋转、轴对称，认识物体的相对位置；掌握初步的测量、识图和画图的技能。

③ 经历数据的收集和整理的过程，了解简单的数据处理方法。

2. 数学思考

① 能够理解身边有关数字的信息，会用数（合适的量纲）描述现实生活中的简单现象，发展数感。

② 在讨论简单物体性质的过程中，发展空间观念。

③ 在教师的指导下，能对简单的调查数据归类。

④ 会思考问题，能表达自己的想法；在讨论问题过程中，能够初步辨别结论的共同点和不同点。

3. 问题解决

① 能在教师的指导下，从日常生活中发现和提出简单的数学问题。

② 获得分析问题和解决问题的一些基本方法，知道同一问题可以有不同的解决方法。

③ 体验与他人合作交流、解决问题的过程。

④ 初步学会整理、解决问题的过程和结果。

4. 情感态度

① 对身边与数学有关的事务（现象）有好奇心，能够参与数学活动。

② 在他人帮助下，体验克服数学活动中的困难的过程。

③ 了解数学可以描述生活中的一些现象，感受数学与生活有密切联系。

④ 在解决问题的过程中，养成询问"为什么"的习惯。

因此，根据《标准》要求，"两位数减两位数（退位）"的教学设计需要围绕以下问题进行思考：不少学生在课外已经会用竖式计算，那么课堂中究竟要教会学生什么？教师又该如何帮助学生更好地理解算理，如何让学生主动并有效地展开数学交流，如何帮助其有条理地思考并完整地表达和交流？

教材中的学具是小圆片，老师发现，让个别一年级学生把十位上的 1 个圆片理解成 1 个十有些困难，因此老师调整学具，10 根小棒 1 捆，10 个一就代表 1 个十。对每个学生来说，小棒学具的使用更直观、易懂。通过第一课时的学习，学生已经掌握了"两位数减两位数（不退位）"不同的口算方法。于是，教师采取同桌合作的形式，让一人利用知识迁移尝试写出横式步骤，一人根据同桌的算式相应地摆出小棒，并说出自己的思路。这样，通过放手让学生操作学具，合作交流，让每个学生都能主动并有效地根据自己的理解说出计算方法，在思维的碰撞和老师的引导下掌握算理。

（二）教材分析

"两位数减两位数（退位）"是沪教版九年制义务教育《数学》课本第二册第四单元"100 以内数的加减法"中两位数减两位数的第二课时内容。

退位减法既是本单元教学的重点，也是学生学习的难点。教材安排了一道例题，通过位值图与竖式的步骤一一对应进行演算，向学生完整地展现出"43−18"的笔算过程。通过位值图，让学生总结出"两位数减两位数（退位）"的笔算方法，理解减法竖式计算的算理，为未来学习多位数减法打下重要的基础。

（三）学情分析

100 以内数的加减法是建立在 20 以内数的加减法基础上的。学生已经学习了两位数加减整十数、两位数加减一位数、两位数加两位数（不进位、进位）、两位数减两位数（不退位），并学习了两位数加两位数的竖式计算方法，即相同数位对齐，从个位算起，个位相加满 10 向十位进一。但通过课前对个别学生的调查发现，学生不能清楚地理解口算和笔算之间的联系，对算理也不熟悉。教师需在新知识讲授前充分复习旧知识，让学生从认知和思维两个方面做好准备。在尊重学生已有知识的基础上，帮助学生找到新旧知识的联结点，让学生利用知识迁移，找到解决问题的方法。

（四）教学目标

依据《上海市中小学数学课程标准》《上海市小学数学学科教学基本要求》，可以找到关于第四单元"100 以内数的加减法"教学目标的相关描述。

表 4–5　关于"100 以内数的加减法"教学目标的相关描述

《上海市中小学数学课程标准》	《上海市小学数学学科教学基本要求》
1. 探索加减法口算、笔算的方法，并正确计算。 2. 熟练口算 20 以内的加减法，比较熟练地口算两位数加减整十数或一位数。 3. 看图口述题意，选择算法，注意培养口头表达能力。 4. 从一年级起注意培养学生利用学具探究算法的能力和口头表达能力，鼓励学生交流自己的算法，并加以比较，培养簿本整洁、书写工整、认真计算的良好习惯。	1. 百以内数的加减法笔算：理解加减法笔算方法，能进行计算。 2. 百以内数的加减法口算：比较熟练地进行百以内两位数加减两位数（不进位、不退位）的口算。

"100 以内数的加减法"具体细化的教学目标为：

1. 理解和掌握两位数减两位数竖式计算方法，并能正确进行计算。

2. 理解减法竖式计算的算理，知道竖式计算中"退一作十"的含义。

3. 通过观察与交流，探索和发现两位数减两位数各种计算方法之间的内在联系。

4. 在创设的情境中，能对信息进行简单处理，初步培养解决问题的能力。

5. 通过课堂练习，培养仔细计算、书写完整的良好学习习惯。

根据教材和学情分析，确定了教学重难点：

教学重点：两位数减两位数竖式计算。

教学难点：掌握有退位的两位数减两位数计算方法。

（五）教学过程

［案例］"100 以内数的加减法"教学设计

一、复习铺垫，引入新课

（一）复习引入

37-15　　65-4　　78-24　　43-8

85-12　　47-30　　96-34　　39-18

学生笔算，教师核对。

师：你是怎么计算的？

师：有没有不同的方法？（反馈全部方法：先减整十数；先减个位上的数；个位减个位，十位减十位）

设计意图：让学生速算，有效节约了课堂时间。通过复习"两位数减两位数（不退位）"多种口算方法多样，为新课作铺垫。

（二）学习新内容

师：今天我们学习新内容"两位数减两位数（退位）"。

二、探究交流，学习新知

（一）算法探究

师：谁能很快推算出 43-18 等于几呢？

师：请同桌合作，一位把横式计算过程写在学习卡上，另一位根据同桌的算式，用小棒摆一摆，验证他算得对不对。

师：请在座的同学们认真听、仔细看，并且思考两个问题：他们用的是什么方法？他们在摆小棒的时候都做了一件什么事？

师：台上几组同学在摆一摆的时候都折开了一捆小棒，是因为个位上的 3 减 8 不够减，我们把 1 捆小棒拆成 10 根，跟 3 根小棒合起来就够减了。

设计意图：先由两位数减一位数的已知结果，推算出两位数减两位数的结果，再通过已有两位数减两位数（不退位）及两位数减一位数（退位）的经验，摆一摆小棒，尝试解决两位数减两位数（退位）计算。通过个位不够减，把 1 捆小棒拆成 10 根的过程，帮助学生理解、表达计算过程，感受数学思考的条理性。

达成目标：理解与掌握两位数减两位数（退位）的计算方法；通过观察与交流，探索和发现两位数减两位数各种计算方法之间的内在联系；知道计算中"退一作十"的含义。

（二）学习竖式，明确算理

师：刚刚我们讨论了横式的方法，接下来，我们学习竖式。

师：有多少小朋友已经会用竖式做减法了？我们回忆一下加法列竖式的要求。

生：相同数位对齐，从个位算起。

师：减法竖式也一样，谁愿意当小老师，为大家来介绍一下 43−18 的计算过程？

学生介绍，教师板书。

师：你们都听懂了吗？老师再完整地说一遍，学会的同学可以小声地跟着说。43−18，相同数位对齐，从个位算起。个位上 3 减 8 不够减，从十位"退一作十"，就是拆开一捆小棒，和 3 根小棒合起来就够减了。我们提醒自己，十位上要点退位点；个位上 13 减 8 等于 5，个位上写 5；十位上 4 退 1 变成 3，3 再减 1 等于 2，十位上写 2。2 个十加 5 个一等于 25，所以 43−18=25。

师：书上用的是什么学具？（位值图）比一比谁学得快、学得好，看着书上的位值图和竖式，向同桌介绍一下 43−18 的计算过程。

设计意图：在学会加法竖式经验基础上，学习减法竖式，联系横式，理解口算和笔算之间一一对应的联系，再通过教材上的位值图示例，进一步明确算理，感受数学思考的条理性。

达成目标：理解和掌握两位数减两位数竖式计算方法；理解减法竖式计算的算理；通过观察与交流，探索和发现两位数减两位数各种计算方法之间的内在联系。

三、巩固练习，深化拓展

（一）独立计算

学生尝试计算46-38、57-34。

设计意图：通过一题退位减法、一题不退位减法，夯实两位数减两位数竖式计算的方法。同时，通过两题竖式练习，规范和强调计算过程和格式，逐步培养学生良好的学习习惯，使其感受数学结论的明确性，获得成功的体验，树立学好数学的信心。

达成目标：通过课堂练习，培养仔细计算、书写完整的良好学习习惯。

（二）纠正典型错误

$$
\begin{array}{r}
(1) \quad 7\ 2 \\
-\ 4\ 8 \\
\hline
3\ 4
\end{array}
\qquad
\begin{array}{r}
(2) \quad 5\ 1 \\
-\ 2\ 8 \\
\hline
3\ 7
\end{array}
$$

设计意图：通过纠正典型错误，加深学生对计算法则的理解，进一步完善学生的认知结构，提高准确率。

达成目标：在创设的情境中，能对信息进行简单处理，初步培养解决问题的能力。

（三）拓展

师：个位上不够减，要从十位上退一作十，如果十位也不够减，怎么办呢？请你们试着算一算100-85。

$$
\begin{array}{r}
1\ 0\ 0 \\
-\ \ 8\ 5 \\
\hline
\end{array}
$$

师：相同数位对齐，从个位算起。个位上0减5不够减，从十位"退一作十",可十位上没有1,需要从百位上"退一作十",也就是 1 个百变成 10 个十,再从十位"退一作十"到个位,10 个十减 1 个十还剩 9 个十,即个位上 10-5=5,十位上 9-8=1,所以 100-85=15。

设计意图:通过拓展连续退位减法,加深理解"退一作十"的算理。

达成目标:理解减法竖式计算的算理,知道竖式计算中"退一作十"的含义。

四、总结

师:我们学习了两位数减两位数,你们有什么小秘密分享给大家?希望你们能把今天学到的本领运用到今后的学习中。

设计意图:通过说说学习新课后发现的小秘密,让学生学会梳理所学的知识点。

五、板书设计

两位数减两位数

43-18=25	43-18=25	① 相同数位对齐
13-8=5	4 3	② 从个位算起
30-10=20	− 1 8	③ 个位不够减
20+5=25	2 5	④ 从十位"退一作十"

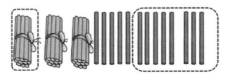

(六)教学设计评析

"两位数减两位数(退位)"这节课主要在以下几个方面取得了提升:

1. 突破了传统的教学模式

传统教学的种种封闭压抑了学生个性的发展,学生迫切需要一种能够展现自我、发展个性的体验式学习。以前的教学改革,往往比较注重将教科书上的知识教给学生。在教学中,教师往往清楚要教什么、为什么这样教和怎样教,学生却不知道自己要学什么、为什么学和怎样学,缺少方向方法,他们学习的主动性、创造性很难得到发挥。因此,当前教育改革的重点应是以教师教学方式的转变来促进学生学习方式的转变，从而更好地促进学生的主体性发展。例如，教师把整个学习过程放给学生，让学生小组合作，全员参与，共同探究，参与知识获得的全过程。

2. 注重探究式学习

教师注重教材的开放性和探究性，让学生有自主选择的权利和思考的空间，如教师提供一些具有代表性的材料，让学生通过猜想、操作、验证等一系列的活动展现了自我。这有助于学生看到数学知识与生活的联系，感悟生活中的数学，也为学生后面的学习奠定基础，同时也培养了学生的实践能力和合作精神。

3. 建立新型民主的师生关系

在教学过程中，教师以学生为主体，让学生自主探索，尊重学生，发扬教学民主；学生在小组合作时积极主动地参与探讨、质疑、创造，并逐步地完成对知识的理解和深化。这较好地体现出教师在学习中作为组织者、引导者、合作者和共同的研究者的作用。这种新型民主的师生关系不仅有助于学生达到对知识的深层理解，还有助于培养他们敢于探索、勇于创新的精神。

从上述案例中，我们不难发现，学生学习方式的转变关键在于教师。教师要不断更新教学观念，真正树立以学生为主体的教学理念，相信学生，给学生充分的探究空间，以发挥学生学习的自主性、创造性，真正建立一个师生、生生和谐互动的数学课堂。

三、英语教学设计

（一）立足课程标准

《上海市中小学英语课程标准》明确规定要培养学生的学科核心素养。英语学科的核心素养包含三个方面：语用与语感、理解与表达、文化与情感。近年来，上海市小学英语教学倡导 OTCPBUE 体系教学（见图 4-3）。

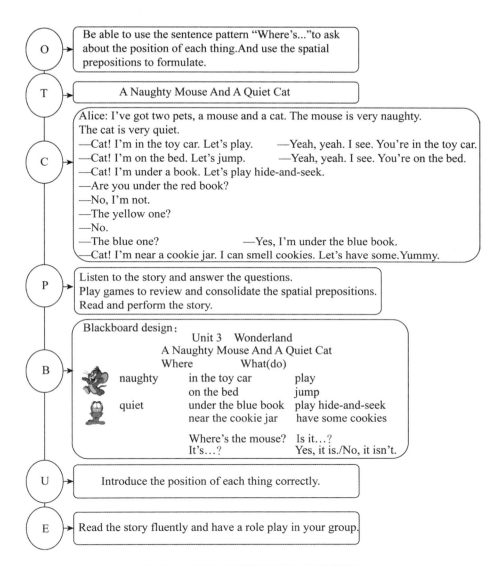

O — Be able to use the sentence pattern "Where's..."to ask about the position of each thing.And use the spatial prepositions to formulate.

T — A Naughty Mouse And A Quiet Cat

C — Alice: I've got two pets, a mouse and a cat. The mouse is very naughty. The cat is very quiet.
—Cat! I'm in the toy car. Let's play.　　　—Yeah, yeah. I see. You're in the toy car.
—Cat! I'm on the bed. Let's jump.　　　—Yeah, yeah. I see. You're on the bed.
—Cat! I'm under a book. Let's play hide-and-seek.
—Are you under the red book?
—No, I'm not.
—The yellow one?
—No.
—The blue one?　　　　　　　　—Yes, I'm under the blue book.
—Cat! I'm near a cookie jar. I can smell cookies. Let's have some.Yummy.

P — Listen to the story and answer the questions.
Play games to review and consolidate the spatial prepositions.
Read and perform the story.

B — Blackboard design：
Unit 3　Wonderland
A Naughty Mouse And A Quiet Cat
Where　　　　What(do)
naughty　　　in the toy car　　　play
　　　　　　on the bed　　　　jump
quiet　　　under the blue book　play hide-and-seek
　　　　　near the cookie jar　have some cookies

Where's the mouse?　Is it…?
It's…?　　　　　　Yes, it is./No, it isn't.

U — Introduce the position of each thing correctly.

E — Read the story fluently and have a role play in your group.

图 4-3　杨浦小学英语 TCPBUE 教学体系

（二）教材分析

上海市新世纪版英语教材由三大板块构成：单词板块（wonderland）、句型板块（farmland）、课文板块（grand theater），每一个板块都相对独立，这样的编排有利于学生循序渐进、由易到难、由浅入深地系统掌握单元知识。但是，这样独立板块的教学往往会忽略语言的使用功能，不能将其融入真实的语境中。单词板块、句型板块、课文板块应为统一的整体，通过句子来学习单词，通过课文来学习句型，即"单元整体教学法"。

"单元整体教学法"是建立在"整体教学"的理论基础上的，它的心理学基础是1912年始创于德国的格式塔心理学。格式塔心理学者认为，从培养创造性思维的立场出发，不仅学生应将学习情境视为一个整体来感知，教师更应努力把学习情境作为一个整体呈现给学生，因为学生对语言刺激的感知应是综合的，而非单纯借助语句分析等特殊刺激就可以达到预期目的；还强调语音、词汇、语法在语言教学和使用中的不可分割性，听、说、读、写四种言语活动及能力之间相互依存、互相促进，是不可分割的整体。

上海市新世纪版英语教材的特点是：强调语言运用，注重能力培养，突出兴趣激发，重视双向交流，融合学科内容，重视灵活扩展，实现整体设计。

上海市新世纪版英语教材的编写思路是以话题为纲，以交际功能和语言结构为主线，逐步引导学生运用英语完成有实际意义的语言任务，即"话题—功能—结构—任务"的编写思路。根据学生的实际情况，教师可以有选择地、灵活地安排教学内容，有针对性地设计课堂教学活动。

"Unit 3：Where's my eraser？"这一单元是新世纪版英语教材二年级第一学期的教学内容。单词板块只出现了四个方位介词：on、in、under、near；句型板块的主要句型是：Where's ... ？ It's ... ；课文板块出现了一般疑问句：Is it ... ？这些板块的内容是零散的、相对独立的，需要创设语境，将它们进行统整。因此，通过故事 *A Naughty Mouse And A Quiet Cat*，教师将两个课时的内容分别设计为故事的上篇和下篇，让学生在聆听故事时学习本课的核心词汇及主要句型。

（三）教学目标

"Unit 3：Where's my eraser？"这一单元的教学目标是围绕英语学科的核心素养：语用与语感、理解与表达、文化与情感这三方面来制订的。两个课时的目标是层层递进的。

表 4-6 "Unit 3：Where's my eraser"教学目标

教学目标	第一课时	第二课时
语言知识	1．初步掌握方位介词 in、on、under、near 的音、形、义。 2．学习用句型"Where's ..."询问物品的位置，并能用"It's ..."来回答。 3．能用 in、on、under、near 方位介词表达物品的正确方位。 4．能复述故事 A Naughty Mouse And A Quiet Cat。	1．熟练掌握方位介词 in、on、under、near 的音、形、义。 2．能用句型"Is it ..."来询问物品是不是在某个地方，并能用"Yes, it is."或"No, it isn't."做出回答。 3．能复述并表演故事 A Naughty Mouse And A Quiet Cat。
语言技能与运用	1．能听懂和阅读简单的配图故事。 2．能初步运用已学的句型和词汇描述物品所在的位置。	1．能初步拼写表示方位的介词。 2．能较好地理解对话的内容并表演出来。
情感态度	在学习和生活中，能仔细观察身边的事物。	在生活中，能够懂得与他人分享。
学习策略	视听体验、阅读交流、合作表演。	

（四）教学片断

［案例］"Unit 3：Where's my eraser"教学片断设计

1．片断一

师：Alice has two pets, a mouse and a cat. The cat is very quiet, but the mouse is very naughty. Today, Alice is not at home.The mouse is playing hide-and-seek with the cat. Boys and girls, can you find the mouse？ Where is the mouse？

（为了便于学生找到小老鼠，我特意在画面上将小老鼠的尾巴露出来。）

生：Ah！ Look！ The mouse is in the toy car！（学生非常仔细地寻找老鼠。）

录音: Mouse: Cat! I'm in the toy car.

Cat: Yeah, yeah.I see you are in the toy car.

（学生为猜到了老鼠的位置而感到高兴，也因为猫的懒懒散散而感到有趣。）

师: You are very clever. The mouse is in the toy car. "in" means "在……里面"。Now, let's play a game: find the word "in"。

（让寻找者在短暂的时间内根据同学们声音的强和弱，寻找出"in"的单词卡片，目的是让学生的注意力马上集中起来，全身心地投入活动中，在用声音提示寻找者的同时，反复巩固单词"in"的发音。）

我的分析：不难看出，在这个教学片断中，我将句型及词汇整合到了一起，通过不断提问"Where's the mouse?"，让学生回答"It's ..."而不是仅仅只教这几个方位介词。故事的情境游戏的操作方法，符合低年级孩子的特点，真正做到了"单元内容巧统整，教学目标细达成"。

2. 片断二

（最后的语言输出环节）

师: Let's read the interesting story.（做出一本电子书）

生:（朗读故事）

Alice: I've got two pets, a cat and a mouse. The cat is very quiet. The mouse is very naughty.

——Cat! I'm in the toy car. Let's play.

——Yeah, yeah. I see. You're in the toy car.

——Cat! I'm on the bed. It's very soft. Let's jump.

——Yeah, yeah. I see. You're on the bed.

——Cat! I'm under the book. Guess which one.

——Are you under the red book?

——No, I'm not.

——The yellow one?

——No.

——The blue one?

— Yes, I'm under the table .

— Cat! I'm near the table. I can see some cookies on the table. let's have some. Yummy, yummy!

— huhuuuu.

师：Look! The mouse is eating the cookies, but the cat is sleeping. If Alice is back, what will happen? Let's continue to study next class.

我的分析：整个教学过程都围绕着故事情节的发展而开展，并且每个环节都利用游戏来进行复习和巩固，让孩子们在快乐的故事语境中学习利用方位介词来表达物品的位置。当然，在第一课时的最后也给孩子留下了一个悬念，小老鼠最后一次躲在了饼干罐子后面，但此时它再叫那只猫，猫并没有回答它，原来那只懒猫睡着了。后来的故事是怎样发展的呢？老鼠吃了饼干，Alice回来后发现饼干没有了又会作何反应？这便是第二课时的内容，即故事的下篇。

— Cat! Look here. Where are the cookies?

— Please ask the mouse.

— Where's the mouse.

— Is it in the toy car?

— No, it isn't.

— Is it on the bed?

— No, it isn't.

— Is it under the book?

— It isn't under the blue book. It's not under the yellow book. Oh! Yes! It's under the red book.

— Mouse! Where are the cookies?

— Uh-oh, Alice. They are in my belly. They are yummy.

我的分析：第二课时的内容是将课文板块的一般疑问句"Is it ... ？"和介词短语相结合，继续沿用了第一课时的故事情节，使整个单元的内容融为一体，为学生的英语学习营造了整体语境，有利于提高学生的整体认知能力和综合语言运用能力。

（四）教学设计评析

在"Unit 3：Where is my eraser？"这个单元中，陆雯婷老师根据教材创设语境、统整内容，把单元教学内容落实在一个故事中。教学目标紧紧围绕英语学科的核心素养，采用 OTCPBUE 教学体系进行设计。教学片断一中，陆老师将句型与词汇整合，实现单元统整；教学片断二围绕故事情节的发展营造了整体语境，并为第二课时故事发展做了铺垫。在这个单元内容整体设计中，陆老师通过对文本内容、文本语言和文本情感的巧妙设计，提高了学生的信息处理能力、语音学习能力及语言文化素养。

（五）教学反思

随着时代的发展和社会的进步，英语教学越来越受到人们的普遍重视。小学英语教学不应该只满足于对单词、句型的解释，那样只会使教学内容平淡，课堂气氛沉闷，使学生不能全身心地投入英语学习，丧失学习英语的兴趣和信心。小学英语教师如何让学生在有限的课堂时间里学好英语，需要做到以下几点。

1. 积极培养学生的学习兴趣

英语教学不能一味地灌输语言知识，而应是通过不断地改进教学方法，组织丰富有趣的游戏活动，寓知识于游戏中，让学生在听听说说、看看读读、蹦蹦跳跳、唱唱玩玩中兴趣盎然地学习英语；让学生在愉快、和谐的气氛中主动获取知识，陶冶情操，发展智力，培养能力。

2. 用英语组织教学，创设使用英语的环境

在英语教学过程中，尽可能少说汉语，而是通过手势、眼神、动作、音调等辅助手段来组织教学。用英语组织教学能创设英语氛围，增加学生的语言实践机会，培养学生直接用英语思维表达的习惯。

例如，采用"Let's begin now. Good morning（afternoon），class！"来作为一堂课的开场白；而在下课时用"Class is over. Goodbye, class！"作为结束语；在讲课过程中，提醒学生看黑板时，可用手指着黑板并说出"Look at the blackboard."；让学生打开书时，可说出"Open your book, please."，同时用双手把书摊开；要求学生合上书，可说"Close your book, please."，并将书合起来。

学生在学校见到英语老师，用英语打招呼。另外，凡是英语课堂，就要求学生尽可能用英语进行交流，如学生来晚了要进教室，就必须用英语说出："May I come in, please?"老师就用英语回话："Come in, please!"

3. 创设情境，角色扮演

学习必须融于一定的情境之中。课堂表演能够创造一定的语言情境，给孩子一个自由发展、自由发挥的天地。

例如，在教句型"May I have a look? Sure, Here you are."时，让学生互相邀请，然后进行对话练习，讲得流利、标准、响亮的，全班同学以掌声给予表扬。学生的表演结果显示，经过练习后，学生不但能做到会说，而且能够配上自己的动作，表现得相当自然，在这种欢乐愉快的情境中学会了句型。

在教句型"Are you ... Yes, I am.（No, I'm not, I am ...)"时，可请一位学生拿针管扮演 nurse，一位学生头上扎头巾扮演 peasant，还有同学分别扮演 worker、teacher 等等，然后蒙住一位学生的眼睛让他用"Are you ..."的句型提问，扮演者可根据问题进行"Yes, I am.（No, I'm not .I am ...)"的回答。通过实践发现，学生的兴趣相当高。

在介绍"打电话"这一课时，可将电话机带入课堂，在学生进行模拟打电话的过程中，介绍怎样拨电话号码，怎样使用电话常用语，以及怎样结束打电话等。在表演的过程中，学生全身心投入，提升了听说能力。

通过创设情境、角色扮演的方式，达到了"课堂中人人开口说"的目的，使学生在不知不觉中提高了听说能力。

4. 反馈信息，即时巩固

英语的听说训练反馈一定要及时。在教学中，学生对刚学的内容记忆犹新，印象深刻，但若不及时巩固，不仅会很快遗忘，而且错误与偏差若得不到及时纠正，会形成错误的思维定式。

例如，在学完"人体器官"时，可运用趣味性游戏的方法，让全体学生起立，教师说"Touch your eyes." "Touch your mouth." "Touch your nose ."等，学生做相应的动作。当学生动作做错时，需及时纠正。

英语听说训练中，应充分发挥学生的主体作用，启发、鼓励学生之间相互提问，有利于学生掌握所学的内容。

5. 实行激励评价，使学生树立学习英语的信心

一方面注重教师的客观性评价，对学生学习过程中的点滴进步给予及时的肯定和激励；另一方面重视学生的主观性评价，让学生通过分析比较，认识自己的优势和不足，明确努力的方向。

所以，英语教学过程，教师必须根据学生的年龄阶段和性格特征，因材施教，因人施教；并且在教学过程中要联系实际，不断探索、实践、反思，这样才能提升英语教学的水平。

四、美术教学设计

（一）立足课程标准

《上海市中小学美术课程标准》明确指出，第三学段（5—6年级）学生能运用形、色、肌理和空间等美术语言，以描绘和立体造型的方法，选择适合自己的工具、材料，记录与表现所见所闻、所感所想的事物，发展美术构思与创作的能力，传递自己的思想和情感。

（二）教材分析

"剪出另一番风景"这一课源自上海书画出版社出版的小学美术教材五年级第一学期"我认识的标识"这一课的基础型课程的创新校本化实施。学生在1—4年级的时候已学过剪纸的基本技能，对于如何概括基本形、边剪边添加细节、镂剪特征等剪影表现手法具有一定的基础，但这些更侧重于学习剪纸技法，学生对于依据画面的需求进行综合构思，创作此类剪影作品还尚未尝试过。该堂课所选用的剪纸形式的作品画面添彩增趣，能激发学生的兴趣。

（三）学情分析

小学五年级学生正处于意象期，绘画语言具有以视点为中心，所有物体倾向于一边，以及变形夸张、符号象征、主观自由等特点。在课堂教学中，教师要引导学生学会运用对比与和谐、对称与均衡、节奏与韵律等组合

原理，了解一些简单的创意、设计方法和媒材的加工方法，并进行设计和装饰，美化身边的环境。同时，教师也要教会学生欣赏、认识自然美和美术作品的形式、内容及所用的材料等特征，通过描述、分析与讨论等方式，了解美术表现的多样性，并会用一些简单的美术术语表达自己对美术作品的感受和理解。

（四）教学目标

1. 知识与技能：熟悉剪纸的基本方法，懂得表现剪影需要选择突显特征的角度；理解"借景想象"和"借形想象"的方法，并能将其用于剪纸与图片组合的创作中。

2. 过程与方法：通过影子游戏，复习剪影的方法，掌握用"边剪边添法"和"镂剪法"表现物象外形特征；通过欣赏与分析，认知大师作品的创意方法；根据照片题材展开想象，尝试将剪纸和图片组合，创作出另一番风景。

3. 情感态度与价值观：体验创意的乐趣，感知剪纸的意义，丰富剪纸的表现形式。

（五）教学设计
［案例］"剪出另一番风景"教学设计

一、活动一：皮影游戏

1. 第一次试教

预设：导入影子游戏，猜猜幕布后的物品，激发学生的兴趣，让学生了解只有选择突显特征的角度，才能表现剪影造型。

师：看影子，猜猜是什么？

生：话筒。

图4-3　话筒的影子

师：我们来个小比赛吧，看谁能利用桌面上的工具，又快又好地将话筒剪影造型剪出，时间为1分钟，比赛开始。

生：（剪话筒剪影）。

师总结：（1）用基本形组合起稿；（2）利用边剪边添加细节的方法剪剪影。

图4-4　热水瓶的影子

2. 第二次试教

师：让我们来玩一个猜影子的游戏，看影子，猜猜它是什么？（打开幕布灯，准备一个有把手的热水瓶。）

师：你能不能换个角度摆摆看，让大家一下子就猜到是什么吗？

生：（尝试摆放）。

师：谁能告诉我，为什么一开始你们猜不出？

生：把手被杯身遮住，外形特征不明显。

师：所以，表现剪影需要选择突显特征的角度。

师：我们来个小比赛吧（老师将画面拍下投影到屏幕上），看谁能利用桌面上的工具，又快又好地将热水瓶剪影造型剪出，时间为2分钟，比赛开始。

生：（剪热水瓶剪影）。

师：我们可以利用画基本形和剪添细节的方法来制作剪影造型。

3. 教学调整分析

前后两次试教，其目的都是为了让学生了解该如何表现物体的剪影造型。通过调整猜影子游戏中使用的物品种类，激发学生的学习兴趣，也同时进一步复习以往学习过通过的基本形组合剪剪影方法。

通过这样的教学调整，教师有效地节约了课堂教学时间，并为后面教学重点进行了铺垫，使教学过程更为流畅，进而达到教学预设效果。

二、活动二：作品创作

1. 第一次试教

预设：通过复习剪剪影造型的方法，引出教学重点。

师：老师今天要给你们介绍一位剪纸大师Paperboyo，他能将精妙的剪纸作品与旅行中的摄影照片巧妙地结合起来，变成另一番有趣的风景，让我们跟着视频来学习下吧。

生：（看视频）。

师：对于这个剪纸作品，你们有没有更适合的摆放位置呢？请和小组成员讨论，并请组长在 iPad 上将讨论结果完成。

生：（讨论）。

师：你们的想法都很有创意，你们还有其他什么创意吗？用拿手工具也来试一试吧。

生：（操作）。

2. 第二次试教

预设：通过复习剪剪影造型的方法，引出教学重点。

师：老师今天要给你们介绍一位剪纸大师 Paperboyo，他能根据旅途中的景色，加入他的奇思妙想，剪出另一番有趣的风景，你们想欣赏下吗？

生：想。

师：请取出课桌里的 iPad，在图库中找到 Paperboyo 的相册并打开，看看大师的作品，想一想你最喜欢哪一张？思考大师在作品中用剪影造型添加了什么？把什么变成了什么？

生：（略）。

师：这是我们创意中的一种方法，叫"借形想象"，还有谁能找到也是采用这个方法的作品呢？

师：欣赏完大师的作品，是不是也激发了你的创意，接下来，就请你打开素材文件夹，选择可以启发你创意的图片，并思考你会为它配上怎样的剪纸作品，记得和同伴交流你的想法哦。

生：（讨论）。

师：你们的想法真棒，我们可以怎样把剪纸作品放入图片中呢？让我们跟着视频一起来学一学吧。

生：（看视频）。

师：看明白了吗？接下来，就用先剪影后编辑的方法制作属于你的另一番风景吧。

生：（操作）。

3. 教学调整分析

试教的调整，其目的在于改变教学流程，使教学内容更为连贯。第一次试教让学生小组合作尝试摆放剪纸作品，但未达到预设效果，学生思维被教师给予的剪纸作品所框定，而且在将剪纸作品与风景照片结合摆放时，学生所呈现的作品未表现出剪纸大师作品给人带来的眼前一亮的效果。对于这个教学问题，教师对教案进行修改，让学生通过先欣赏大师作品，激发其创意，再进行剪剪影操作。在第二次试教中，学生的作品明显表现出更多的创意，达到了预设的教学目标。

（六）教学设计评析

现在的学生普遍存在着美术基础差，对形的把握能力弱，对结构缺乏认识，构图零乱、松散、没空间感，学习主动性较差等问题，但是个体的美术问题程度又不一，表现的方式各有差异。教师应该耐心地帮助学生找出问题所在，围绕问题进行重点解决，并对他们画面上的一些好的因素加以肯定。例如，针对学生观察不细，理解及认识能力不足的问题，要求学生先不要急于去画，要在观察、理解上下工夫，充分深入地去认识对象，只有在把握住"形"的基础上，才能在画面上表现出来。在具体教学中，结合课程设置，分阶段地向学生讲解素描中的一些概念，如线条、形体、结构、明暗、空间、质感、效果。

上述案例中，教学设计从培养美术核心能力切入，重点放在图形联想与视觉信息的传达，从"找特征、猜物象"影子游戏的设计，到创意剪纸经典作品的赏析，为孩子们理解"借景想象""借形想象"找到了有效的方法，也为孩子们剪出另一番风景奠定了创作基础。这堂课体现了创意剪纸课程倡导的培养视觉感知力与创意实践能力的理念，也为培养图像识读能力提供了有价值的学习案例。从案例中，我们可以发现，在美术活动中，学生的兴趣激发和创造性思维的开发非常重要。

1. 激发学生学习的兴趣和热情

随着对美术教育的不断探究，我们逐渐认识到，美术学习并非一种单纯的技能学习，还涉及培养对美的感受能力，培养将美术理解为一种文化现象的能力。学生要想获得这种能力，就有必要借助语言，使关闭的心灵敞开。虽然语言现在或将来都不能取代视觉，但可以帮助学生深化视觉感受，促进形象感知能力的发展。在美术创作中，引入诗歌、童话、故事、谜语等文学元素，可以提升学生对美术作品的深层理解和表现力，激发学生兴趣。

2. "画后说画"锻炼创造性思维

说自己的画：每位学生用故事的形式讲述自己的画。在说的时候，一些在画的时候没有考虑到的方面会得到完善，为进一步创作奠定了基础。

说别人的画：在说别人的画时候，不同的人有不同的观点，既是对别人作品的一种全新的诠释，也是一次口头的二度创作；既能帮助自己加深对创作的理解，同时也使作者发现全新的角度，是一举多得的好事。

（七）研究的方向和思考

1. 指导学生创作画的主题：一要范围广，二要题材新，三要构思巧，四要命题有趣。同时多一些地方特色、风土人情、民族特色等主题元素。

2. 创新是艺术创作不变的主题，如何通过说画的形式来引导学生的创造性思维和审美取向，是今后研究需要思考的方向。

3. 艺术创作中文学元素的加入使学生更加喜欢语文这一学科，不知不觉当中提高了写作能力；热爱祖国、热爱家乡主题的说画对学生有德育方面的教育作用；科幻主题的说画让学生更加热爱科学，憧憬未来美好的生活。

4. 对于性格内向、不愿意在课堂上说画的学生，要采用怎样的教学方法与其交流，是今后研究需要思考的方向。

5. 运用心理学和教育学的知识，认真探究说画教学的艺术手段，以期使学生养成发散性思维的习惯。

第三节
教学实践：小班化、项目化、数字化

1997 年，在国际"缩减班级规模"的理论与实践研究的影响下，上海市在 10 所小学开启小班化教育研究，从而拉开了中国小班化教育的帷幕。2000 年，杨浦小学进入了小班化、项目化、数字化教育的研究领域。2010 年，《国家中长期教育改革和发展规划纲要（2010—2020 年）》从国家层面第一次明确指出"逐步推行小班教学"，自此小班化教育正式进入公众的视野。同年，我校参与的"以小班化、项目化、数字化教育为抓手，区域整体推进课程教学改革的实践探索"项目获得教育部首届基础教育改革创新成果二等奖。杨浦小学形成了小班化、项目化、数字化教学特色，成为上海市知名的小班化教育品牌学校。

第一节　小班化教学的思考

小班化教学应成为一种教育理念，是追求教育教学效果的一种策略，核心仍然是提高教育教学质量。践行小班化教学理念，应坚持"面向每一个、尊重每一个、幸福每一个"的教育理想。小班化教学具有重要的理论价值和实践意义。第一，实施小班化教学有利于学生创造能力的培养和个性发展，学生能获得更多创造的空间和时间；第二，小班化教学降低了个别辅导和因材施教的难度；第三，小班化教学能有效地运用空间资源，使每一个学生能更好地和教师同伴、教材、环境等发生相互作用，从而陶冶情操，激活思维，融洽师生情感；第四，相对于大班教学而言，小班化教学有着无与伦比的优势，为实施素质教育创造了一个崭新而又广阔的空间。

一、小班化教学课堂文化的构成

小班化教学的本质属性和价值取向决定了课堂是实现其价值的主要场所。课堂教学是师生交往的主要方式，也是师生在校的一种基本生活方式，这种特殊的生活方式不同程度上会折射出社会文化的某些特色。从文化学的视角透视课堂文化，可以从课堂教学活动和课堂环境两方面展开讨论。

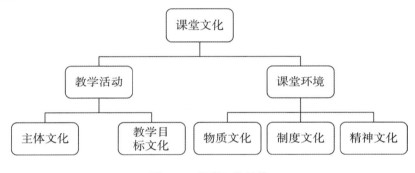

图 4-5　课堂文化结构

（一）课堂教学活动

课堂教学活动的文化透视包括分析活动主体教师和学生，分析以教学目标为宗旨的师生交互关系，如教师与学生的地位、互动方式和互动频率。

1. 注重课堂主体文化

师生是教学活动主体，在课堂教学活动中，小班化教学既能彰显学生个性，又能调动学生主动参与的积极性。在推行小班化教学的历程中，需要注意以下两点。

（1）实施分层教学，关注每位学生

以语、数、英三科成绩为主要依据，我们将班级学生分为 A、B、C 三个层次：

A 层：学习有一定困难的学生。

B 层：学习成绩中等且不太稳定的学生。

C 层：学习成绩稳定且有一定余力的学生。

分层后，教师对每位学生的情况了如指掌，在同一课堂上就可分层教学：提问时分层回答，互动时好差搭配，作业分层布置，让每位学生的个性都得到充分的展示和发展，让每位学生都享受到成功的喜悦。而课堂上对于学生的分层也不是一成不变的，会随着学生的进步和改变而随时调整。比如作业，我校每班学生同时有两套作业，基于水平差异分别布置 A 套和 B 套，这一次做 A 套作业的下次不一定做 A 套作业，这一次做 B 套作业的下次也不一定做 B 套作业，以此提高学生的自信心，使不同水平的每位学生尽可能同时得到发展。

（2）建立学生成长记录袋，一生一袋

学习成长记录袋包含以下内容，一是我们在记录袋中统一设立了一张优缺点卡，用来记录学生一学期来的优缺点，看看优点是不是增加了，缺点是不是克服了，目标是不是已经达到了；二是致家长的一封信，里面有家长对任课教师的意见；三是学生信息卡，有教师的评价，是及时、全面记录学生成长与进步过程的有效凭据；四是荣誉卡，如获得的作业展评奖、古诗文诵读奖、书法美术作品奖等；五是阅读心得笔记本，学生们将看电视、课外阅读等渠道看到的名言佳句、自己的所感所想等都写在里面；六是有意义的作品，学生自主收集具有一定意义的作品，可以是最满意的作业、图画、手工制作等能让学生产生成就感的作品；七是各学科评价表，各学科评价采用不同的方法，如语文、数学、英语学科根据单元教学内容实施阶段性评价，并在此基础上对学生进行综合评价，而品德与生活、音乐与美术、体育与健康学科每学期进行一次综合性评价。

2. 有效组织小组合作学习，突出学生的主体地位

过去教师一人问，指定一个学生回答的情形，不知挫伤了多少想说而又无机会表达的学生的热情，同时也浪费了其他同学的时间。为此，我们积极推动小组合作学习，在小组合作学习中，我们提炼出了"导、练、展、评"四字合作流程。"导"指明确合作内容，确定合作目标；"练"指组内分工合作，开展学习活动；"展"指合作成果的展示与汇报；"评"是指评价与提升。因此，小组合作学习不仅有助于激发学生的学习热情，而且能培养学生各种学习技能。因此，小组合作学习主要有以下作用。

第一，帮助学生学会独立思考。我们要求教师在小组合作学习之前，一定要让学生充分地自主学习，经独立思考有了自己的想法后，才能与组员展开有效的探究、交流，最终解决问题。

第二，帮助学生学会分工合作。小组合作学习不是一种个人的学习行为，而是一种集体行为。我们要求在小组学习时有明确的分工，如组长负责组织，记录员负责整理记录，资料员负责学习材料收集，报告员负责反馈本小组合作学习的成果，先分工，然后才能合作。

第三，帮助学生学会与同学交流。交流是合作学习中的重要表现形式。在这个过程中，我们要求学生养成倾听他人的发言、大胆表达自己的见解、文明交流等习惯。当然，这些习惯的养成并不是一朝一夕的事，必须从低年级抓起。

第四，有助于引入竞争机制。小组合作学习主张"组内合作，组际竞争"。对合作学习成果好的、探究积极的小组，奖励小红花、红五星，或小红旗，以资鼓励。这样有助于促进小组成员之间的合作，也有助于促进学生之间的互动，使学生更认真、更投入地参与学习活动。这种"合作—竞争—合作"的良性循环有助于提高课堂教学效率。

3. 教学方法的改进

（1）科学地分组。小组合作学习是小班化课堂最主要的一种形式，学生的分组是否科学直接影响到课堂教学任务的落实和教学的效益。教师应事先对每一名学生做充分深入的了解，必要的时候还应掌握学生的社会关系网。

（2）讲究合作。合作不仅是指学生和学生间的合作，还指教师之间的合作。例如，学生的分组是否科学合理，不能由班主任或哪位老师说了算，教师间应商量协调，寻求最优化方案；课堂上一些指令的落实，学生的习惯要求，课堂评价的标准界定等，教师间也应互相通气。

（3）建立"板块教学"的模式。低年级以字词教学为主，高年级以段篇教学为主，在这个模式上可以寻求一些变化，这样有利于学生能力的培养，教学效益的提高。

（4）注重教学设计。教师的教学设计应充分考虑到学生的实际，对课堂必须做好充分的预设，还应做好随时调整教学步骤的准备，这样课堂才有思维碰撞的精彩，教学才有小班化的味道。

（5）五官体验教学法。让学生看一看、听一听、闻一闻、尝一尝、摸一摸和说一说等，用五官来体验。

（6）游戏教学法。让每一个学生都投入有角色、有情节的游戏活动，在玩中学、学中玩，培养综合能力。

还有如尝试教学法、鼓励教学法、师生交融教学法、动手操作教学法等。当然教无定法，教学方法的选择要依据教学的内容、教者的教学风格、学生的理解和接受能力而定，这样课堂教学效果才能达到最优化。

4. 作业批改做法

作业是课堂教学的延伸，是教师了解学生获取知识的程度、掌握技能的水平和运用所学知识解决实际问题的能力的重要途径。我们学校对作业的要求是有发必收，有收必改，有改必评，有错必纠，注重技巧。小班班级人数少，教师对于学生的作业的批改评价可做到随堂随时面批，在面批时，还可叫上几位学生在旁边听着，教师能充分和每位学生面对面交流，及时了解学生的学情，以随时调整自己的教学方法，这是小班化教学的优势。几点具体的做法如下：

（1）制订作业批改的细则

小班化教学减少了教师的作业批改量，使教师有时间根据课程标准要求、教材内容和学生实际情况精心设计作业，保证作业质量。在批改作业方面，要制订作业批改的细则，批改要精心，评价要得当，反馈要及时，对所有学生做到面批面改。

（2）每次作业有评价

批改作业除了给学生打等级之外，还要给学生写上不同的激励性评语，并给学生指出不足或提出新的要求，鼓励学生大胆学习。

（3）建立错题记录本

让学生把错误率高的题摘记在自己的错题本上，教师在教完一单元的内容后，把学生易错的题目发给学生再次操练，然后师生共同评讲、总结，加深印象。

5. 确定教学目标文化

教师制订课堂教学目标的依据、方式及其技术所反映的价值判断，就是一种教学目标文化。新课程改革以来，我国大部分地区的教师都从知识与能力、过程与方法、情感态度价值观三个维度来设计教学目标。

6. 教师小班教学能力有待提升

教师们往往习惯于大班教学，对于小班化教学了解有限，如何变革教学观念、课堂结构、教学内容、学习方式和评价方式等，是每位教师需要进一步思考的方向。

（二）课堂环境

课堂环境的文化透视包括对课堂物质文化、课堂制度文化和课堂精神文化的分析。

1. 课堂物质文化

课堂物质文化包括空间设置和时间安排所蕴含的文化。例如，我们设置的"学习中心"，对黑板、课桌椅、讲台等的摆放，对小组座位的安排都能反映我们对学生多元智能差异的理解，对小班化课堂理念的认同。同时，一所学校的课程表，一堂课上教师对教学时间的分配等也能折射出课堂物质文化。

2. 课堂制度文化

课堂制度文化是指师生在精神文化的基础上，对课堂环境的共识，如课堂纪律、班级守则及其师生关系等。小组合作学习是小班化课堂最主要的一种形式，学生的分组是否科学直接影响到课堂教学任务的落实和教学的效益的达成。教师应事先对每一名学生做充分深入的了解，必要的时候还应掌握学生的社会关系网。

3. 课堂精神文化

课堂精神文化指师生对课堂结构、目标和课堂运行的实质、特征、规律和价值的共识，如师生对课堂教学活动的心理期待及其实现的可能性。我国课程改革倡导合作、探究、自主学习已经有十多年了，但落实却举步维艰，根本原因在于教师的观念未改变，认为这样的学习方法费时间，学生获得的结论也未必准确，远不如讲授法来得高效。而在西方一些国家的课堂上，合作、探究、自主学习是一种常态，教师们认为，学生知道到哪里寻找所需要的知识，拥有获取知识的能力远比记忆知识重要得多。

二、小班化课堂文化建设

课堂文化包括课堂教学活动文化和课堂环境文化，两者互相关联、互为影响。课堂教学文化发生变革，常会导致课堂环境文化出现不适应。例如，在大班额里实施小组合作、探究学习活动，教师都会觉得教室空间和教学时间不允许，实施有困难。课堂环境文化的变革累积到一定程度，也会要求改变既有的课堂教学活动文化。例如，在小班化课堂里，教师沿用大班的教学方式、手段，自感时空效益低下，无法实现关注每一个学生的教学目标，自觉探索新的教学活动。

教师通过管理课堂时间和空间来建立小班化课堂物质文化，而物质文化又与精神文化、制度文化密切相关。我们认为，小班化教育可以通过建立全新的课堂环境文化，由环境文化的改变促进课堂教学活动文化的变革，最终建立新型的课堂文化。杨浦小学课堂文化建设是从课堂环境文化走向教学活动文化的过程。

（一）体现公平观

小班化教学作为一个载体，为中国实践教育公平的国际趋势提供了先行研究的平台。小班化教学的基本特质是班额规模小、课堂呈小型化样态和教室活动空间相对扩大，追求课堂民主化精神，关注每个学生发展，追求教育公平。与大班教学相比，小班化教学更加强调个性化、全纳性、互动性三大原则，充分体现对人文性、公平性与个别化教育的关注。

瑞典学者托尔斯顿·胡森（Torsten Husen）认为，教育公平包含三个层面，分别为起点公平、过程公平与结果公平。起点公平即入学机会的平等，换言之，无论学生间存在何种差异，如性别、种族、年龄、出身等等，每个人都有入学接受教育的机会；过程公平表现为公平地满足所有学生的发展需要，也即在学习的过程中，学生能够依据自身的学习基础，接受适合自己的学习方法，使其天赋得以充分发展；教育结果公平指获得学业成功的机会均等，提供补偿教育，使每个个体在走出校门时都获得一定的学业成就，消除个体在起点上的差异，获得平等的教育效果，以实现实质上的平等。我们认为，小班化教学是实现教育过程公平的重要途径。

（二）体现差异观

霍华德·加德纳的多元智能理论为我们认识班级学生的学习差异提供了理论依据，智能差异是影响学生强弱学科的关键因素。教师需认识并尊重班级学生的学习差异，激发学生产生积极的情感体验，体验学习成功。

学生的学习差异主要表现在：

1. 学生来自不同背景，拥有不同的兴趣，不能保证同一个内容符合所有学生的需要。

2. 学生的学习速度有快有慢，适合某些学生的教学可能对其他学生过难或过易。

3. 学生的思维水平存在抽象与具体之分，学习方式偏好有独立学习与合作学习之分。

4. 不同的学生不可能用相同的方式来学习、做同样的选择或拥有完全一致的学习特点。

5. 学生对同一知识的掌握程度不一，所以学生的知识结构会有所区别。

6. 不同的学生会选择不同类型的合作伙伴和合作方式。

7. 教学效果会因为学生的不同而有差异。

8. 在课堂上，每个学生以不同方式来运用策略。

9. 学生喜欢的课堂环境会有差别。

10. 不同的学生需要教师提供不同程度的帮助，来达成学习目标。

教师在课堂上要利用学生间的差异，有针对性地开展差异教学（differentiated instruction），为每个学生提供适切的学习条件和机会，使得每个学生的潜力得到充分发展。

我们认为，差异教学是一种教学过程，指教师为了满足每一个学生的需求和发展，设计教室环境，提供多种不同的学习活动，提出不同的学习要求和评估方式。实施尊重和欣赏学生个体差异的教学，才能促进所有学生快乐、健康地成长。差异教学理论研究的核心问题是：面对学生诸方面的差异，教师如何在教学过程中调整教学目标、内容、方法、进度等，以适应学生不同的学习需求，实现每个学生在原有基础上的充分发展和最佳发展。

（三）体现深度学习观

深度学习（deep learning）是人工智能机器学习（machine learning）领域中的一个术语，如今被引入教育领域，成为指向核心素养培育的教学理念，即指在教师引领下，学生围绕着具有挑战性的学习主题，全身心积极参与、体验成功、获得发展的有意义的学习过程。在此过程中，学生掌握学科的核心知识，理解学习过程，把握学科的本质及思想方法，形成积极的内在学习动机、高级的社会性情感、积极的态度、正确的价值观，成为既具独立性、批判性、创造性，又有合作精神、扎实基础的优秀的学习者。可见，深度学习的目标是培养学生高层次思维能力和问题解决能力，其教学策略有主动参与、复杂学习、多维表征、隐性学习、探究学习、整体学习等。

深度学习的提出既是对教学规律的尊重，也是对时代挑战的主动回应。深度学习为理解教学活动提供了新的视角，为消解种种二元对立观念提供了理论支持。深度学习的研究与实践确立了学生个体经验与人类历史文化的相关性，落实了学生在教学活动中的主体地位，使学生能够在教学活动中模拟性地参与人类社会历史实践，形成有助于未来发展的核心素养，而教师的作用与价值也在深度学习中得以充分实现。结合小班化教学本身具有的时空优势，我们可以通过对课堂教学现象、教学行为和教学过程的探索，获取课堂环境中深度学习教学实施的规律。

深度学习的五个特征：

1. 联想与结构：经验与知识的相互转化

通过调动以往的经验来参与当下的学习，又要将当下的学习内容与已有的经验建立起结构性的关联，从而使知识转化为与学生个体有关联的、能够操作和思考的内容。学生所学的知识不是零散、碎片式、杂乱无章的信息，而是有逻辑、有体系、有结构的知识；学生不是孤立地学习知识，而是在教师的引导下，根据当前的学习活动去联想、调动、激活以往的经验、知识，以融会贯通的方式对学习内容进行组织，从而建构出自己的知识结构。

2. 活动与体验：学生的学习机制

活动与体验是深度学习的核心特征，回答的是学生的学习机制的问题。活动是指以学生为主体的主动活动，而非简单的肢体活动；体验是指学生作为个体全部身心投入活动时的内在体验。学生的学习不是被动地去容纳外在知识的灌输，也不是从实践开始的盲目试误，而是通过主动的、有目的的活动，对人类已有认识成果及其过程的学习与体验，它需要学生全身心地投入，真正成为教学活动的主体。

学生之间的互助合作，课堂讨论中的互相启发，小组作业中的相互依赖与信任，等等，这些活动本身典型地再现着知识发现过程中的人与人的相互依赖、信任与合作。深度学习中，教学不再是人们所讽刺的颈部以上的冷冰冰的理智活动，而是理智与情感共在的、鲜活的、有温度的活动。

3. 本质与变式：对学习对象深度加工

本质与变式回答的是如何处理学习内容的问题。它要求学生能够抓住教学内容的本质属性去全面把握知识的内在联系，而不是简单地掌握孤立的知识点或记忆更多的事实性知识。把握事物的本质不是直接从教师的嘴里听到关于事物本质的文字描述，而是要通过质疑、探究、归纳、演绎，或者是情景体验等去把握，让学生与自己正在学习的内容之间建立一种紧密的灵魂联系。

4. 迁移与应用：在教学活动中模拟社会实践

迁移与应用回答的是间接经验直接化的问题，即将所学知识转化为学生综合实践能力的问题。它需要学生有综合能力、创新意识，也通过这样的活动，有意识地培养学生的综合能力、创新意识。有学习就有迁移，甚至学习就是迁移，学习为了迁移。应用则是迁移的表征之一，也是检验学习结果的最佳途径。

在一个学习活动中，先有对事物本质联系的把握，再有迁移与应用，迁移与应用是对本质与变式的印证与检验。本质与变式强调学生对教学内容的内化，而迁移与应用则强调学生对学习结果的外化。

迁移与应用的更重要的意义在于，这是当下在教学活动中对未来要从事的社会实践的初步尝试，也是教学具有教育性的重要体现。

5. 价值与评价：人的成长的隐性要素

价值与评价回答的是教学的终极目标及意义的问题，明确教学是培养人的社会活动，要以人的成长为旨归。深度学习的教学活动要自觉帮助学生形成正确的价值观，发展核心素养，要自觉引导学生能够有根据地评判在教学活动中所遭遇的人、事与活动。

对所学知识及其过程进行评判，既是手段也是目的，其终极目的则在于养成学生自觉而理性的精神与正确的价值观，形成学生自主发展的核心素养。是否关注学生理性精神与价值观的形成，是否关注学生核心素养的形成，是教育活动与其他活动（传递知识、盲目探究）的根本差别。价值观的培养、学生核心素养的形成过程，既是隐性的过程，也是一个长期而缓慢的过程。因此，在教学活动中要给予特别关注。

公平观、差异观和深度学习观为我校基于小班化教学提供了理论基础，为我校"为了每个孩子全面而有个性的发展"的办学理念提供了创新实践的基准。

三、小班化教学案例展示

"小班化教育导航"课程是杨浦小学领衔开发的教师研修课程，侧重小班化教育实践体验，也是学校在践行小班化教学的历程中所取得的主要成果。

（一）课程设置目的

"小班化教育导航"课程旨在共享小班化教学实践智慧，完善教师小班化教学知识和技能，提升教师在小班化教学领域的专业发展水平。

（二）课程内容与要求

"小班化教育导航"课程由六大模块构成：小班化教育思与行、学习中心、方寸乐趣、民乐文化、茶艺天地和慧生活。

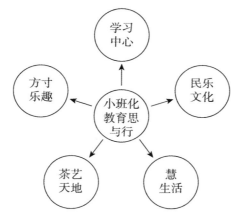

图4-6 "小班化教育导航"课程六大模块

1. 模块一：小班化教育思与行

（1）学习目标

了解国内外小班化教学发展趋势。

（2）学习内容

了解国内外小班化教学现状与趋势。

收集并分享小班化教学理论与实践经验。

2. 模块二：学习中心

（1）学习目标

了解杨浦小学"学习中心"课程。

（2）学习内容

认识与了解"学习中心"。

学习并体验基于"学习中心"的"阅读乐园"教学活动。

3. 模块三：方寸乐趣

（1）学习目标

了解上海市杨浦区内江路小学集邮课程。

（2）学习内容

认识与了解集邮文化和集邮课程设置。

学习并体验集邮课程内容、实施路径。

4. 模块四：民乐文化

（1）学习目标

了解上海市杨浦小学分校民乐课程。

（2）学习内容

认识与了解民乐文化及民乐课程设置。

学习并体验民乐课程内容及教学。

5. 模块五：茶艺天地

（1）学习目标

了解上海市第二师范学校附属小学茶艺课程。

（2）学习内容

认识与了解茶艺文化。

学习并体验茶艺课程内容和教学策略、方法。

6. 模块六：慧生活

（1）学习目标

了解民办阳浦小学"慧生活"课程。

（2）学习内容

认识与了解"慧生活"德育课程。

学习并体验"慧生活"课程内容和教学方式

（三）课程实施

1. 管理组

"小班化教育导航"课程由杨浦小学教育集团课程管理小组负责日常招生、学生学习、信息录入、档案建设等全程管理工作。杨浦小学教育集团理事长李忠校长任课程管理小组组长，张隽任课程秘书。

2. 讲师团

依据所负责的课程模块，选派数名首席讲师，组成讲师团，首席讲师名单如下：

（1）上海市第二师范学校附属小学：张倩，盛梦萍，郭小源。

（2）民办阳浦小学：张君华，胡燕云，陈斐。

（3）杨浦区内江路小学：杨腾越，王珏。

（4）杨浦小学：蔡霞，曾真，吴珮沁。

（5）杨浦小学分校：胡靓瑛，江薇佳，赵学禹。

（四）课程实施形式

每学期第1—3周，教师按需申报一个模块或两个组合模块，课程管理小组负责协调、确定各模块课程培训讲师名单，第4周公布选学结果，第5周开始课程培训。

1. 首席讲师制

由各校举荐首席讲师数位，负责相关模块内容的培训。

2. 培训形式

培训形式有工作坊、微格教学、观摩对话、课例学习、微信畅言、讲座、阅读分享会等。

（五）课时安排

"小班化教育导航"课程性质属于实践体验类课程。依据上海市教育委员会印发的《上海市"十二五"中小学、幼儿园教师培训工作实施意见（试行）》（沪教委人〔2011〕35号），教师一学期完成10学时的课程学习（每学时2小时）并通过课程考核，可获得1学分。教师可自主选择、组合模块内容，申报学习。

表 4-7 "小班化教育导航"研修课时安排

模块	模块一 小班化教育思与行	模块二 学习中心	模块三 方寸乐趣	模块四 民乐文化	模块五 茶艺天地	模块六 慧生活
集中研修	2	8	4	3	8	3
自主学习	1	1	1	1	1	1
在线研讨	1	1	1	1	1	1
总计 （学时）	4	10	6	5	10	5

第二节　项目化教学的理性思考

2016 年，我校参与了上海市教育科学研究院夏雪梅老师领衔的上海市"学习基础素养项目研究"课题组，以项目化学习的基础型课程的教学改革作为研究方向，建立"提出问题—建立联系—个性化表达"的项目化学习流程，在常规教室的学习空间中开始项目化学习的研究。

一、项目化学习的内涵

项目化学习（project based learning，简称 PBL）是当今全球教育领域的一个热点话题。斯坦福大学达林·哈蒙德（Hammond）和克拉斯克（Glasker）等人认为，项目化学习主要包含以下要素：真实的驱动性问题，学生在真实情境中对这个驱动问题展开探究，学生经常用项目化小组的方式学习，学生运用各种工具和资源促进问题解决，学生最终产生可以公开发表的成果。

巴克教育研究所（Buck Institute for Education）对项目化学习进行了比较详细的界定：学生在一段时间内通过研究并应对一个真实的、有吸引力的、复杂的问题、课题或挑战，从而掌握重点知识和技能。项目化学习的重点是学生的学习目标，包括基于标准的内容以及批判性思维、问题解决、合作和自我管理等技能。基于这个界定，巴克教育研究所提出了项目化学习的八大黄金准则：重点知识的学习和成功素养的培养，解决一个有挑战性的问题，持续性的探究，项目要有真实性，学生对项目要有发言权及选择权，学生和教师在项目中进行反思，评论与修正，项目化学习成果的公开展示。

夏雪梅老师基于对项目化学习多年的实践探索，提出对学习素养视角下项目化学习的界定：学生在一段时间内对与学科或跨学科有关的驱动性问题进行深入持续的探索，调动所有知识、能力、品质等创造性地解决新问题，形成公开成果，在过程中形成对核心知识和学习历程的深刻理解，并能够在新情境中进行迁移。其中，项目化学习指向核心知识的再建构，创建真实的驱动性问题和成果，用高阶学习带动低阶学习，将学习素养转化为持续的学习实践是直接影响到学习素养视角下项目化学习设计的关键内容。

二、项目化学习的课程形态

按照项目化学习所覆盖的学科领域的范围，可以将项目化学习划分不同的类型：课堂内外的微项目化学习、学科项目化学习、跨学科项目化学习、超学科项目化学习。

（一）微项目化学习

微项目化学习是指在不改变课时的情况下，在课堂上为学生提供15—20分钟左右的长时段探索性项目任务，或者在课外用类似实践性作业的形式对某个内容或主题进行小探索。

（二）学科项目化学习

学科项目化学习主要是以学科的关键概念或能力为载体，进行合作性的探索和问题解决。虽然载体是学科，但是在此过程中，还会生发出跨学科素养，如创造性、批判性、合作与沟通等。

（三）跨学科项目化学习

跨学科项目化学习则是通过整合不同学科的知识和能力，共同指向真实情境中的问题探索与解决，其中交织来自不同领域的知识和跨学科素养。

（四）超学科项目化学习

超学科项目化学习没有明确的学科界限和学科课程标准，更多是为了促成学生对整个主题和超越学科的大概念如结构与功能、因果关系等的理解。

三、项目化学习研究内容

我校结合语文学科领域的关键概念与能力，将项目化学习融入语文学科课堂，以此进一步提升学生解决学科实际问题的能力，促进学生个性化表达的内容、形式的多元化。

表 4-8　语文学科项目化学习

	重点解决问题	主要推进措施	预期研究成果
个性化表达的内涵研究	一、语文教材内的项目化学习（单篇课文及重整单元） 　1. 规范化表达——基于课程标准 　2. 个性化表达——基于课程标准，多元表达 二、已有案例的修改和完善 三、跨学科的项目化学习 　1. 与基础型课程的整合 　2. 与拓展型和研究型课程的整合	一、制订计划，选定篇目，研讨教学设计，商讨课堂教学观测量表 二、开展课堂实践，进行课堂观测，统计相关数据 三、阶段小结，撰写案例，完善课堂观测量表 四、结合案例，请专家指导，着手修改完善。 五、分两组筛选语文学科篇目 　1. 第一组与基础型课程整合，设计教学，课堂实践，撰写案例 　2. 第二组与拓展型课程及研究型课程整合，设计教学，课堂实践，撰写案例	一、4—5 篇课堂教学设计及案例 二、1 个新的统整单元及教学设计与案例 三、编制课堂教学观测量表 四、与基础型课程整合的 2 篇课堂教学设计及案例 五、与拓展型及研究型课程整合的 2 篇课堂教学设计及案例

四、项目化学习案例

下面是项目化学习的两则案例。

[案例]"山里的桃花开得迟"项目化学习教学设计

项 目 主 题：	山里的桃花开得迟
项目设计教师：	孙景燕及杨浦小学团队
项目适用年级：	二年级
参与学生人数：	35 人
项目实施教师：	孙景燕
核心学科及相关学科：	语文、自然常识、表演

一、项目概要

杨浦区教师培训部开展了关于"区域教师教育方式、机制创新"项目研究,其中一项为课本剧比赛。本堂课的教学设计就以参加课本剧比赛为驱动,借助《山里的桃花开得迟》这篇课文,通过课文的研究和学习,根据文本信息及自身经历,对人物的心理活动进行合理的想象补白,以表演的形式创造性地输出课文内容。

二、学习目标

1. 依据课程标准,明确本项目中学生要掌握的知识技能以及学科能力与品质。

(1)学习课文的词语

能在语境中正确认读"迟、芳、菲、寺、凋、谢、枯、萎、袄、嘴、八"等11 个生字,重点读准"寺"的字音,识记"枯、萎、谢、袄"的字形;能在老师指导下,联系课文内容理解"芳菲、枯萎、凋谢、果然"的意思。

(2)学习课文的表达方式

① 能在教师的引导下,联系文本自主探究,通过补白文本,了解人物的内心想法,感悟沈括是个爱动脑筋的孩子。

② 能在熟读课文的基础上,理解山里桃花开得迟的原因。

2. 明确本项目中将要通过什么样的活动培育学生基础素养。

（1）通过对《山里的桃花开得迟》课文的阅读、讨论、想象补白，进行个性化的表达，提升合作学习、多元思维及解决问题的能力。

（2）以小组合作的方式，创造性地表演课文，激发学生热爱科学、探索自然的兴趣。

三、学习成果

学习成果是学习目标具体的、物化的载体。

1. 熟悉课文内容，进行课本剧表演并对文本进行合理的想象补白。

2. 揣摩人物心理活动，并学习如何表演得生动、形象，符合人物特征。

3. 以小组合作的方式，创造性地表演课文，以表演的形式输出课文内容，知道山里的桃花开得迟的原因。

四、学科及跨学科内容

明确本项目中学生完成学习成果所需要的学科及跨学科的知识、技能与学科能力。

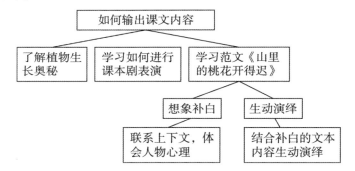

图 4-7　输出课文内容所需学科及跨学科知识、技能与能力

五、驱动性问题设计

问题应与现实世界相联系，能启发学生，并促使他们认真探究。

问题：怎样才能生动表演课文内容呢？

把课文编排成独特的课本剧，生动地还原文本内容，用舞台剧的形式表现出来。生动活泼的故事情节，深入细致的人物刻画，精彩的表演以及绚丽的服装，小演员们认真投入、惟妙惟肖、富有感情的表演，都是完成课本剧表演不可或缺的重要因素。

六、主要任务

列出本项目的主要阶段任务、时间（课时）安排等，并具体说明学生参与完成各阶段任务的主要方式。本项目学习安排两课时。

第一课时

一、任务驱动

杨浦区教师培训部开展了关于"区域教师教育方式、机制创新"项目研究，其中一项为课本剧比赛。

二、讨论

怎样才能生动表演课文内容呢？

（一）交流

（二）师随即总结归纳

说得清，演得像，吸引人。

三、探究课文《山里的桃花开得迟》

（一）学习第一自然段

1. 古诗引入，理解"人间四月芳菲尽，山寺桃花始盛开"的意思。

2. 播放古人吟诗小视频，学着诗人的样子，吟诵诗句。

3. 小组比赛，谁最像小诗人。

（二）学习第二自然段

1. 自由读，质疑。（沈括为什么会产生这样的疑问？　）

2. 讨论：如何把沈括想的内容表演出来。

3. 交流。

（三）表演第一、第二自然段

1. 小组合作，分角色表演第一、第二自然段。

2. 请学生评议，找出问题，讨论，纠正，再表演。

3. 背出台词，精彩演绎。

第二课时

一、理清脉络，温故知新

（一）回顾上节课的学习内容

（二）反馈上节课的课本剧片段表演

二、展开想象，补白文本

（一）学习课文第三至第五自然段

1. 过渡：这节课，我们一起研究怎么把故事演生动。

2. 轻声朗读第三至第五自然段，思考：文中的小棉袄出现了几次？找到相关句子并划出来。

3. 交流反馈

妈妈让他带上小棉袄，沈括接过小棉袄，自言自语道："＿＿＿＿＿＿＿＿＿＿＿＿＿"

沈括披上小棉袄后，心想：＿＿＿＿＿＿＿＿＿＿＿。

（二）学习课文第六自然段

1. 自由读，指名读。

2. 理解"地势高，气温低"。

3. 看着板书，说一说山里桃花开得迟的原因。

4. 说一说：沈括家院子里桃花怎么样？

三、小组合作，演绎故事

（一）小组合作，说话练习

1. 沈括＿＿＿＿＿＿＿地对小伙伴说："＿＿＿＿＿＿＿＿＿。"

2. 沈括＿＿＿＿＿＿＿地对妈妈说："＿＿＿＿＿＿＿＿＿。"

（二）表演评价

评价标准：说得清，演得像，吸引人。自评与他评相结合。

（三）小组合作演一演

（四）学生评价

（五）总结

七、成果展示

说明学生如何展示自己的作品，教师如何组织并促进学生展示作品。

1. 学习小组的成员在组内选择自己喜欢的角色，进行排练。

2. 每个小组进行展示表演。

3. 请学生对其进行评价。

八、评价设计

根据设定的学习目标，制订评价标准，并通过学生的学习成果加以检测。

1. 知识技能评价

（1）掌握生字新词，读准字音，正确书写，流利朗读。（当堂检测）

（2）正确、流利、有感情地朗读课文。

（3）结合自然科技课内容及从互联网上获得的资料，进行个性化表达。

2. 学习基础素养评价

（1）实际问题的提出，对已有知识的运用，对跨学科材料的收集使用，解决问题时的个性化表达。

（2）认真欣赏他人表演，能根据评价要求，对自己、伙伴进行评议。通过个体学习、小组合作、群体交流、师生配合，加强互动与沟通。

（3）在学习课文的过程中，敢于表达自己独特的想法。

九、学习环境与项目资源

项目学习需要提供的环境以及可能需要的资源说明。

1. 项目化学习需要科学设计，专业的技术支持与指导。

2.《山里的桃花开得迟》课文及相关资料，如互联网上收集到的关于桃花的资料。

[案例] 单元整合项目化学习教学设计与实施

项 目 主 题：　　　　单元整合　比较中初步学会人与动物写作构思

项目设计教师：　　　　　　　　何懿　水冰

项目适用年级：　　　　　　　　五年级

参与学生人数：　　　　　　24人

一、项目概要

课文有多种文体，不同的文体有不同的构成要素和特点。单元整合可以把同一文体整合起来，让学生通过横向和纵向阅读，了解不同文体的不同特点。例如，五年级第一学期第五单元教材围绕动物这一专题，编排了中外作家的文学作品共五篇，分别是《绿毛龟》《无言的爱》《我的野生动物朋友》《母鸡》和《小鸟，请原谅我》。每一篇文章的内容和表达方法各不相同，但都表达了同样的情感——作者对动物真正的喜爱和真诚的赞美。在他们的笔下，动物有灵性、有感情，人与动物和谐相处，让我们感受到生命的宝贵生活的乐趣，体验到生存的价值。

通过单元整合，本次项目化学习教学设计提供给学生描写人与动物段落的帮助。学生们以小组为学习单位，探索和研究人与动物的写作技巧，有初步的写作构思。

二、学习目标

（一）学科目标

1. 单元整合，学习词语，积累描写动物的句子，增加语言储存，为课文的学习奠定基础。

2. 单元整合，了解课文中分别介绍的两种动物的特点；分析比较，发现作者在两篇课文中表达方法的区别，感受动物的可爱、可敬。

3. 锻炼学生搜集信息、分类整理和提炼归纳的能力，发展学生团队合作和交流分享的意识，激发学生热爱生活的情感。

（二）素养目标

1. 信息处理能力：整合《绿毛龟》和《母鸡》两篇文章，通过比较阅读，明晰作者的表达方法，寻找描写动物的一般方法和规律，进行习作。

2. 问题解决能力：以单元作文为驱动，以班级"动物之家"角为情景，以《绿毛龟》和《母鸡》两篇课文为输入内容，通过小组学习模式，在任务单的引领下，一起探索和发现描写动物的技法。

3. 人际交往能力：对学习成果的内容和形式进行交流和评价，评价基于课程标准。

三、学习评价

（一）结合学校的小思徽章，对学习过程进行评价

表4-9　单元整合项目化学习过程评价

评价维度	评价内容	观察点	徽章奖励
学习成果	知识内容	认真阅读提供的课文。	颁发好读慎思徽章。
		认真完成学习任务单，掌握描写动物的技巧。	
	习作表达	根据习作要求，创作动物的故事。	点评作品，颁发文思泉涌徽章。
学习习惯	合作学习	明确小组成员（组长、汇报员、记录员、观察员）学习任务分工。	填写小组学习评价表，颁发合作徽章。
学习兴趣	投入情况	积极完成项目任务。	统计小思徽章的获得情况。

（二）结合星级，对学生作品进行评价

表4-10　单元整合项目化学习学生作品评价

评价维度	评价内容	星级
主题明确	能围绕自己感兴趣的一种动物写作。	☆ ☆ ☆ ☆ ☆
条理清晰	按照作者的情感变化，将自己和小动物的故事表述清楚。	☆ ☆ ☆ ☆ ☆
形式多样	能正确合理地运用描写动物的一般规律，形式多样，标点正确。	☆ ☆ ☆ ☆ ☆
角色鲜活	语言内容服务于主题思想，服务于动物特点。	☆ ☆ ☆ ☆ ☆
总评	共（　　）颗星	

四、驱动性问题设计

随着课堂教学的变革和发展，教师的任务不再只是单一的知识传授，而也要思考如何引导学生学会学习，提升学生问题解决能力及创新实践能力，以此来促进学生基础素养的发展。本节课通过真实问题驱动，激发学生兴趣，培养学生的创新意识、合作精神以及善于学习、乐于表达的学习素养。

例如，每周一次的值日班长交流会上，我无意间听到学生们对"动物之家"角的各种议论。学生们都很喜欢小动物，对"动物之家"角格外关注，但对于如何写好动物的故事，他们都面露难色，觉得无话可说，要不就是干巴巴的寥寥数语……面对学生的真实需要，身为班主任和语文老师，我该如何整合、拓展、迁移教学资源？该如何既能解决学生面临的困惑，又能帮助学生发展语文素养？巧的是，即将要学习的第五单元关于小动物的内容，于是我将《绿毛龟》和《母鸡》两篇课文整合为范例，为学生写好动物的故事打下基础。

原来，精彩的故事往往需要清晰的结构、丰富的内容、生动的表达。通过阅读《绿毛龟》和《母鸡》，学生明晰了作者的表达方法，掌握了描写动物的一般方法和规律。

五、任务设计

（一）比较阅读

我选取《绿毛龟》和《母鸡》两篇文章进行比较阅读，共2课时。

尤今写的《绿毛龟》生动地描述了作者一家人精心喂养绿毛龟的情景和绿毛龟给作者一家人带来的快乐，表现了人与动物之间的和谐关系。这篇文章有几个方面值得我们细细品味：一是，作者一家人对绿毛龟的钟爱；二是，作者对绿毛龟外形和动作的描绘，处处流露出喜爱之情；三是，绿毛龟得到人的爱抚，表现出通灵之性。全文构思精巧，结构严谨，语言凝练，生动形象，比喻、拟人等手法增强了语言的表达力。

《母鸡》是老舍先生一篇脍炙人口的佳作，分为母鸡孵鸡雏前和孵出鸡雏后两部分，过渡段使文章浑然一体，写出了作者对母鸡看法的变化，表达了对母爱的赞颂之情。课文以作者的情感变化为线索，前后形成了鲜明的对比，前半部分写了母鸡的无病呻吟、欺软怕硬和拼命炫耀的特点，再现了一只浅薄、媚俗的母鸡；后半部分则描写了母鸡的责任心、慈爱、勇敢和辛苦，塑造了一位伟大的鸡母亲的形象。作者对母鸡的情感由讨厌转变为尊敬。本文的语言风格比较口语化，直白自然，散发着浓郁的生活气息，读起来令人感到亲切舒服。

1. 教学环节一：比较阅读

（1）两篇文章的共同点

① 情感一致——作者都喜爱小动物。

② 语言相似——朴实、生动。

（2）两篇文章的不同点

① 情感变化不同。《绿毛龟》中，作者的情感由一见钟情到情感逐渐升华；《母鸡》中，作者的情感由讨厌到敬佩。

② 表达特点不同。通过阅读，让学生体会到作者对小动物的情感变化的不同，从而更能了解作者的写作特色。

2. 教学环节二：整体感知

（1）《绿毛龟》整体感知

① 课文是从哪几方面描写绿毛龟的？

② 关于绿毛龟每一方面的描写对应哪几小节？

③ 自主学习，完成学习任务单。

（2）《母鸡》整体感知

① 作者讨厌母鸡的原因有哪些？ 又因为什么原因，作者不敢再讨厌母鸡？

② 这些原因分别对应哪几小节？

③ 自主学习，完成学习任务单。

设计意图：在整体感知环节中，教师抓住关键问题，有步骤、有层次、有重点地引导学生理解尤今的《绿毛龟》按照事情发展顺序，由浅至深，写出了作者一家人对绿毛龟的喜爱；理解老舍的《母鸡》塑造了一位伟大的鸡母亲的形象。

3. 教学环节三：深入研读

（1）回顾总结两篇课文的表达方式

（2）研读《绿毛龟》最后一节和《母鸡》第七小节

① 了解写作特点。

② 将两篇文章对应小节的写法互换。

③ 交流。

设计意图：通过写法互换，建构从读到写的桥梁，进一步体会作者的写作方法和意图。在学习文本的基础上，再构语言，能激发学生的探究问题和处理问题的能力。

4. 教学环节四：多元表达

（1）总结要素

① 介绍什么？

② 从哪个角度介绍？

（2）出示评价标准

（3）学生准备

（4）汇报点评

设计意图：鼓励学生在学习文本的基础上，再构语言，超越文本，用不同的表达形式汇报学习成果，充分调动学生自主探究的积极性。

（二）"动物的故事"习作

1. 口述故事

2. 讲清习作要求

3. 习作创作

4. 作品展示交流

第三节　数字化教学的理性思考

科技的进步、信息技术的发展给我们的教育教学活动带来了很多挑战，但也给我们提升教育教学质量提供了更多的机遇和支持。如何迅速地筛选和获取有益的信息，准确地鉴别信息，创造性地加工处理信息，是我们每个教师应具备的本领。全面推进素质教育的同时，要求教师掌握信息化教学手段，旨在唤起学生求知的欲望和兴趣。因此，教师应该以开阔的胸怀积极拥抱信息技术，将信息技术为自己所用，从教学设计、课堂教学、评价方式等多方面积极探索信息技术的使用空间和使用方式，借助新的形式来更好地传授知识，培养学生的核心素养。

信息环境下学习的空间是开放的和博大的，如果能做到有效利用信息资源，对学生素质的培养和知识能力的提高是很有帮助的。比如一堂语文阅读课，过去是欣赏书本内容的单一形式，教学以教师为中心，以课本为辅助，枯燥和乏味，学习效率低；现在有了数字教材、电子书包等新型教科书，学生可以在网上进行阅读，这种形式不仅可以打破原有教科书单调、呆板的限制，还非常有利于学生迅速搜集相关的信息和资料，并立刻与同学交流看法，取长补短。因此，数字化教学对多彩多姿的信息的使用可以让学生耳目一新，复习旧课、讲授新课、巩固知识、检查评价等环节再也不枯燥和乏味了，从而激发学生学习动机。

数字化教学不仅使学生敢于冲破传统的思想，大胆想象，还间接地促进了教学内容、教学方式和评价方式的转变。例如，云课堂、Aischool 教学平台、电子白板等新型教学方式的出现对原有教学方式提出了挑战。

一、科学学科数字化教学案例

（一）案例背景

"饮食与健康"是上海教育出版社出版的《科学与技术》第七册第一单元的内容。本单元的学习目标是：学生能通过观察、交流、讨论、调查、探究和实践等活动过程，了解食物中的营养成分对人体健康的作用，从而构建起饮食与健康之间的联系。然而本单元几乎没有关于维生素种类和作用的介绍，但四年级学生对六大营养素之一的维生素知识具有浓厚的兴趣。由于维生素种类众多及作用繁多，且课堂教学时间有限，如果面面俱到地介绍，教师费时费力，但教与学的效率都不高，学生易感到枯燥乏味，导致课堂效率低下，同时也背离了在科学活动中培养学生思考和探究能力的初衷。

上海市杨浦区创智云课堂提倡利用数字化移动设备创设学习活动新模式，拓宽学生学习知识的新视野。基于课程标准，引入数字化移动设备到课堂，这样课堂教学活动更能激发学生的兴趣，提升活动的实效性。

"食物中的维生素"教学旨在激励学生在一系列的活动中，运用数字化无线设备对食物中的维生素进行调查、交流、探索等，了解维生素的种类和作用，激发学生关注饮食与健康。

（二）案例描述

数字化无线设备主要指的是教学过程中使用的平板电脑、网络环境和相应的软件交互平台。数字化无线设备的使用改变了以往的教学形式，使老师与学生有效联系在一起，让每位学生参与到课堂中，提高课堂活动效率。

[案例] 食物中的维生素

一、寻找食物中的维生素

教学开始前，教师让学生喝一口果汁，询问里面有哪些营养素。有学生说到了维生素，由此打开了探究维生素的大门。接着，教师展示四种生活中经常会食用的食物——鸡蛋、洋葱、胡萝卜、黄豆，询问学生这些食物中是否也含有维生素。学生利用手中的平板电脑上网寻找答案，发现这四种食物中有维生素，且维生素的种类各不一样。

师：图片展示的四种食物大家认识吗？

生：认识，是鸡蛋、洋葱、胡萝卜、黄豆。

师：这些食物里面含有维生素吗？

生：有可能含有维生素。

师：我们用手中的平板电脑查询一下，验证我们的猜测是否正确。

二、寻找维生素 C

在交流过程中，学生最熟悉的是维生素 C。在寻找维生素 C 游戏的过程中，学生发现维生素 C 主要存在于水果和蔬菜两类食物中，也由此过渡到思考维生素的作用。每位同学在轻松的环境中使用平板电脑中的动画游戏寻找维生素 C。

师：生活中，我们常被提醒要补充哪种维生素？

生：维生素 C。

师：维生素 C 主要存在于哪些食物中呢？让我们一起来寻找维生素 C。

生：利用平板中的动画游戏找维生素 C。

师：维生素主要存在于哪些食物中？

生：蔬菜和水果中。

三、探究维生素的作用

网络搜寻和电子书阅读大大提高了学生筛选信息的能力和在课堂上的主观能动性。

师：维生素 C 的作用有哪些呢？

生：维生素 C 可以预防坏血病。

师：其他的维生素又具有哪些作用呢？

生：不了解。

师：点击电子书上的图片来了解不同维生素的作用。

生：（学生操作）。

师：哪位同学来交流下你所了解到的维生素及其作用？

生：（交流）。

师：可见，维生素作用多，能帮助我们预防很多疾病，所以我们不能缺少维生素。

（三）案例评析

上述案例中，教师将现代信息技术与教学内容紧密结合，根据教学内容的需要，利用无线设备引导学生通过网络开展自主学习，转变了学生的学习方式，拓展了学生获取信息的渠道，不仅完成了教学设计中规定的教学任务，还充分利用现代信息技术拓展了学生的学习空间，有效提升了学生主动学习的意识和能力。

（四）总结回顾

数字化教学走进课堂后，教师需要转变角色，充分利用信息资源为学生学习创设丰富的教学环境。作为信息资源的引导者、设计者、学生学习的促进者，教师需要学习新知识武装自己的头脑。

二、书法数字化教学案例

"书法是中国文化核心的核心，是中国灵魂特有的园地。"小学书法教育是书法教育的基础阶段，也是书法教育的启蒙阶段。

（一）教材分析

本课选自中小学拓展型课程教材《书法》第一册第六课"捺的写法"。《书法》第一册从欧阳询楷体书法的基本笔画入手。"捺的写法"是本课的教学重点，也是难点。前几节课教学以教师讲解示范为主，学生虽然听讲较为认真，但课堂氛围稍显沉闷。所以，本课尝试以学生为主体来设计"细看慢学"板块，让学生在学习过程中自主探究，提高学生观察分析、归纳总结的能力。

（二）学情分析

本课学习对象为四年级学生。通过前几课基本笔画横、竖、撇、点的学习，学生对于写字姿势、执笔方法和书写技能有了一定认知，初步掌握了基本的运笔、行笔、收笔的技巧。在此基础上，教师应遵循小学生的认知特点和规律，将书写技能、书写习惯培养与教材中"寻古问今""书法博览"等板块生动有趣地整合在一起，激发学习兴趣。

（三）教学目标

1. 巩固书写姿势和执笔方法，熟知捺画的书写口诀与学会捺画的书写方法。

2. 通过捺画例字的欣赏，能够运用捺画口诀来书写捺画，并辨识不同捺画的书写差别。

3. 通过了解汉字字体发展知识，体会中国书法的悠久历史和文化内涵。

教学重点：掌握捺画的基本写法，能运用口诀来书写捺画。教学难点：学会书写不同例字中的捺画。

（四）教学设计

[案例] 捺的写法

（多媒体出示：永字八法）

师：同学们，中国书法艺术传承千年，书法造型虽形态纷繁，莫不以

"点"为基始，由"点"引申出的横、竖、撇、捺各种笔画应运而生。请仔细看，这把刀和捺画有什么相似的地方吗？（使用多媒体同时出示教材"细看慢学"部分长刀图与捺画图）

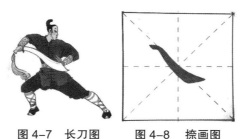

图 4-7　长刀图　　图 4-8　捺画图

生：这把刀和捺画一样，都是弯的。

师：观察得真仔细，那它们转弯的位置在哪里呢？

生：刀柄后面的布所在的位置。

师：大家觉得他说得对吗？

生：老师，我觉得刀柄上的布和捺画不一样，不能算在笔画里。转弯的位置是刀柄和刀连接的地方。

师：你总结的真棒，还有哪位同学想补充？（学生议论纷纷，举手踊跃）

生：老师，我感觉刀尖的地方也是弯的。

师：是的，那么捺画一共转弯了几次？

生：一共转弯了两次。

师：没错，有两处转弯的地方，所以捺一共有"三折"。

（师板书：捺画有"三折"）

师：同学们，请再仔细观察，它们俩还有什么相似的地方吗？

生：我发现啦！刀和捺画一样，都是下面最粗，而且捺脚和刀尖一样锋利。

师：你说的下面，具体是哪个位置呢？是正下方吗？

生：是右下方。

师：我们之前学的撇画是向左下方行笔的，所以捺画的书写方向是哪个方向？

生：向右下方行笔。

师：是的，捺画是向右下方行笔的。

（师板书：向右下方行笔）

师：上节课学习的撇画起笔到收笔的口诀是：由重到轻，向左出锋。谁来当当小老师，说说捺画的运笔要注意什么。

生：先细后粗。

师：你观察得很仔细，粗细指的是捺画的外形，那么运笔应该是怎样的？（师指向捺画起笔处）

生：由轻到重。

师：说得好！捺画行笔时要由轻到重。

（师板书：用笔轻重分明）

师：书法中各个笔画的线条变化构成了千变万化的书法艺术语言。

反思："细看慢学"板块首先要细看，所以引导学生仔细观察捺画的外形，并能自发地总结捺画运笔规律是关键。在备课时，由于教师直接选用了教材中的两张图片进行比较，并未预见到长刀图片中有一定的干扰因素，因此可以考虑更换图片或在讲解时有意识地让学生进行辨别。

师：同学们总结得真好，这些就是书写捺画时的要点：

1. 写捺有"三折"。

2. 右下方向行笔。

3. 用笔轻重分明。

师：我们一起来看看用毛笔怎么来书写捺画，好不好？

生：好。

（教师先播放示范视频，学生对照视频仔细体会。）

师：看清楚了吗？老师再为大家示范一下，请同学们举起右手，伸出食指，和老师一起写一写。

（教师使用实物投影示范捺画，并按照口诀"顿—行—稍顿—推出"的步骤详细讲解斜捺运笔，学生一起书空。）

师：我们一起按口诀书空。

1. 顿：向右下落笔。

2. 行：稍行，转锋向右下沿着米字格对角线行笔，渐行渐按。

3. 稍顿：行笔到末端稍停顿。

4. 往右推出：提笔向右出锋收笔。

（多媒体出示捺画行笔图示与口诀，生边念口诀边书空。）

师：同学们，打开《书法》练习部分，按照口诀一起描一描捺画。

（学生按步骤描写捺画，教师巡视指导。）

师：同学们，在刚刚描红的过程中，有没有遇到困难？

生：老师，我的捺画末端怎么不尖呀？

生：老师，我这里两个转弯好难看啊。

生：老师，我这个捺脚怎么有两个缺口呀？

（教师将几位学生的练习投影出来，并用红色墨汁进行讲评纠正。）

师：这两位同学的捺画，一位捺脚不尖，一位捺脚分叉了。同学们，请你们想想，要怎样运笔才能和范例写得一样呢？和同桌讨论一下。

（教师再次播放教学视频，学生纷纷讨论起来，有的甚至拿起毛笔互相比画着。）

师：谁来说一说？

生：我觉得应该是他们收笔的时候没有停顿，就直接甩出去了，所以笔画毛毛躁躁的。

师：你分析得很有道理，那请同学们再想想，示范的时候，老师是怎么写的呢？

生：老师是停顿了一下，再向右边写，就和上节课学的撇画一样，最后收笔是尖的。

师：说得好！这几位同学的问题集中在捺画的两个转折处，第一个起笔之后的转折主要靠的是手腕来转换行笔的方向；而第二个捺脚前的转折则需要稍停顿后，待笔锋收起一些，再直接向右推出，不需要靠手腕转方向。请大家再看老师示范一遍。

（教师边点评边用手在空中示范，接着再次使用实物投影示范捺画，学生再次描写捺画，教师巡视指导。）

反思：大部分学生对于捺画三折的两个转折处的不同运笔方式并未完

全理解。在第二次示范时，教师尝试调整了实物投影仪的投影范围，让学生能看清笔杆部分的动态，体悟笔法，这对于接下来进入"闻香识墨"板块学习例字大有助益。

（五）教学设计评析

案例中的汪老师在书法课堂上借助多媒体资源，让传统艺术与最新技术互相碰撞，用现场演示书写方式来教学，更直观清晰地反映出书写的过程；能联系学生和生活实际，让学生边练习、边观察、边评价、边找出不同，一步步引导学生，激发思考兴趣，实属难能可贵。

三、数学数字化教学案例

（一）案例分享

伴随云技术的兴起，越来越多的教师以云技术为依托，变革着学生的学习方式。手中的铅笔变成了灵动的手指，在平板上妙笔生花；课堂的纸质学习单变成了平板练习，在平板上迸发思维；静态图片变成了动态演示，在平板上活灵活现……老师们与学生们享受着这股云潮流带来的全新体验。笔者也是一位云课堂的体验者与诠释者，自2015年以来对云课堂课例的不断探索中，意识到有些融合云技术的课堂重"量"而忽略"质"，流于形式，华而不实。在如何更好地将云技术与传统数学课堂进行有效融合，更好地服务教与学，充分发挥学生的主体地位，实现教学效益最大化的问题上，笔者通过不断实践体验与案例研究，总结了三个切实可行的云课堂案例，供大家借鉴。

[案例] 融入云技术的"几分之一"练习设计

一、教学背景

"几分之一"这节课是沪教版《数学》第六册第四单元"分数的初步认识"中的内容，教学目标是让学生在整体与部分的学习后，从大量的连续型模型中建立分数的概念，认识几分之一。

二、教学设计

我利用云平台的数据统计与批改功能,设计层次递进的练习,帮助学生建立对分数的认识。第一层次的练习,我设计了连线练习,请学生辨识涂色部分是整体的几分之一;第二层次的练习,我设计了判断题,将易混淆的概念放入其中,在辨析中帮助学生明确概念。

三、教学反思

在练习设计中融入云技术,一方面,学生做练习的兴趣提高了不少,完成练习后,他们会有意识地观察自己的提交速度在班级中是否名列前茅,从而提高了学生的练习效率;另一方面,教师可以清晰地看到学生的答题情况,准确把握学生在学习过程中的瓶颈,方便抓住学生练习中的错误精讲精练,让每个学生都在数学课堂中有所收获。

有了云技术的协助,数学课堂的练习效率显著提高了,孩子们练习的欲望也被调动了起来,可见云技术融入练习设计值得推崇。

[案例]"东南西北"方位路线设计

一、教学背景

"东南西北"这节课是沪教版《数学》第四册"几何小实践"中的内容,是一年级"上中下左中右"内容的延续。学生的学习要充分建立在已有认知的基础上。我从"上中下左中右"的主题图出发,先请学生回忆一年级学过的内容,顺理成章进行知识迁移,再请学生认识"东南西北",学会用东南西北描述两个物体的位置关系。

二、教学设计

本节课的难点是能用东南西北方位词对行走路线进行描述。《上海市中小学数学课程标准》指出,要给予学生充分体验感知的机会。我充分利用云技术,设计了"小丁丁从家出发去学校"这个主题,利用平板电脑的交互性,请学生在平板电脑上画出路线,进一步熟悉方位。同时,我利用云技术的投影功能,将学生的作品投影到屏幕上进行核对展示。

三、教学反思

整节课,孩子们兴致昂扬,还想到了路线可能不唯一,巧妙地运用平板电脑自带的画笔调色功能，区分了多种路线。除了设计路线，我还设计了根据路线寻找目的地的环节，孩子们飞舞着手指，在平板电脑上画出路线。丰富多彩的情景设计给予孩子们视觉体验；用手指在平台电脑上比画路线，使孩子与方位路线亲密接触；投影孩子们的作品在大屏幕上，孩子们神采奕奕地介绍自己设计的路线……"东南西北"这节课使孩子们的感官被充分调动了起来。

[案例]"分拆乘与加"问题情境创设

一、教学背景

"分拆乘与加"这节课是沪教版《数学》第三册"除法"单元的内容，是学生学习"有余数除法"的一节先导课。传统课堂中的"分拆乘与加"这节课采用学具小棒操作，在分小棒的过程中感受一个数可以分拆为多种形式的乘与加。传统教学中存在以下的弊端，如对低年级学生来说，小棒不够生动形象，导致部分学生在经历反复操作后，失去操作兴趣，让数学课堂达不到预期效果；再如，在小棒操作中，会出现小棒掉落的现象，而影响课堂效果。鉴于以上问题，笔者依托云技术，对这节课进行改良。

二、教学设计

本节课以驱动性问题作为引领。问题：几个一袋，最多装几袋，还剩几个？围绕这个问题，我创设了"小熊猫分水果"四个主题操作活动。第一个操作如图 4-9 所示，分草莓，2 个一袋，最多装几袋？还剩几个？在分的过程中，引导学生初步感知分的过程可以用乘与加算式来表示。第二个操作如图 4-10 所示，请学生在第一次操作基础上任意分，充分感知一个数能用多种形式的乘与加来表示。第三个操作如图 4-11 所示，请学生把苹果平均分成 5 份，最多每份几个？还剩几个？第一次操作求份数，而这一次操作是求每份数，通过两次不同的操作，让学生感知两种分法的区别。第四个操作如图 4-12 所示，这道题是一道思维拓展题，孩子们用前三次操作中所归纳出的经验"所加的尾数是不能再分的"来解决这个问题，为接下来有余数除法探究奠定基础。

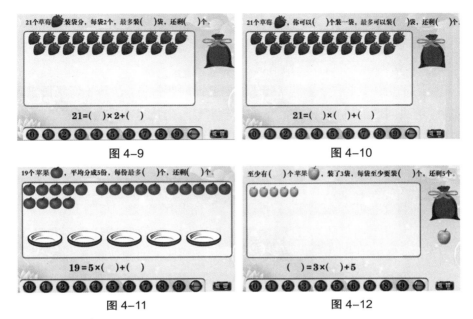

图 4-9   图 4-10

图 4-11   图 4-12

三、教学反思

整节课，孩子们都表现出浓厚的数学兴趣，沉浸在我为孩子们搭建的问题情境中。有了云技术作为催化剂，抽象化的数学知识形象化地展现在孩子们面前，数形结合提高课堂效率的思想在课堂中表现得淋漓尽致。

（二）云技术的反思与憧憬

1. 云技术，有效提升核对效率

传统数学课堂上，采用个别核对、全班齐对的方法，但是常常发现，孩子们核对并不高效，有时核对过的题目还是存在许多错误，而云技术融入课堂，有效提升了核对效率。

2. 云技术，精准赋予实践体验

《上海市中小学数学课程标准》指出，要创设问题情境，给予学生亲身体验感知的机会。实践体验、合作交流、自主探究是我们所提倡的学习方式。在传统数学课堂上，准备学具一直被看作是一件繁杂琐碎的事情，而且低年级的学生在操作学具过程中经常会发生学具掉落的现象，投影展示也是一件费时费力的事情，云技术融入课堂可以帮助我们解决课程理念与学具操作的冲突，精准赋予实验体验。

3. 云技术，巧妙创设问题情境

《上海市中小学数学课程标准》提倡创设问题情境，让孩子们经历发现问题、解决问题的过程，点亮心中的数学素养。云技术融入数学课堂，利用多媒体技术创设身临其境般的问题情境，可以巧妙弥补传统教学手段的不足，增强孩子们的直观体验，在数学抽象的知识与孩子的形象思维之间架起一座桥梁。

总而言之，在这股云潮流的推动下，学生利用平板电脑进行数学学习，其效果还是非常明显的。云技术教学突破了传统学具的局限，以问题引领，突出重点，突破难点，取得了传统教学方法无法比拟的教学效果。

如何利用云技术，让平板电脑与数学课堂更好地融合，真正实现"以生为本，以学为中心"的数学课堂，我们还需要在实践中做进一步的研究。让每个孩子都能在课堂中感受数学学习的快乐，迸发出数学思维，是我们不忘的初心。

第五章

"德润无声"实践活动

　　我们常引用这样一句话来教育学生，"天行健，君子以自强不息；地势坤，君子以厚德载物"。这句话的意思是：天（即自然）的运动刚强劲健，相应于此，君子处世，应像天一样，自我力求进步，刚毅坚卓，发愤图强，永不停息；大地的气势厚实和顺，君子应增厚美德，容载万物。作为教育者，我们应该以"德"字当先，通过纷繁多样的活动，开展全员、全面、全程的德育教育，彰显我们"为学生一生奠基，对民族未来负责"的理念，培养学生的社会公德意识，培养学生关爱他人、助人为乐、互助合作的团队精神，切实地表现我们育人的前瞻性。

第一节
均衡发展："阳光体育"活动

一直以来，"健康、懂事、聪明、可爱"都是杨浦小学坚持的培养目标。学校围绕培育可爱学生、树立可爱形象的目标来开展相关的教学工作，并将其与课程改革相结合，与家庭、社会相结合，与自主管理相结合，形成富有特色的行为规范教育。行为规范教育对学生进行全面素质教育和精神文明的培养具有相当重要的意义，因此杨浦小学通过深入推进"健康教育，创意人生"的办学特色理念实行行为规范教育，在提升学校品位之余，促进了全体师生身心健康发展。

在行为规范教育中，学校把"阳光体育"活动作为学校的基础工作常抓不懈。现将"阳光体育"活动总结如下：

一、丰富内容，激发兴趣

在"阳光体育"活动实施过程中，杨浦小学十分注重在丰富内容、激发兴趣方面进行提升。例如，"希望风帆"是杨浦小学根据教体局普教科的要求而推行的一套广播体操，主要由体育教师利用体育课组织学生学习，并培训每班三名学员进行订正规范，使其给本班学生和教师做好示范。大课间班主任全面跟进，组织本班学生进行巩固练习，使新广播体操得到很好的普及。同学们整齐划一的动作、良好的精神风貌，为大课间活动再添新景。

二、关注细节，重在养成

为落实不在花样上做文章，在精气神上下功夫，注重各个环节和细节，让阳光体育成为学校一道风景线的思路，我们分阶段抓细节，将阳光体育和养成教育相结合，定期进行现场反馈，对大课间活动连续表现突出并养成良好习惯的班级颁发奖牌和加分激励，促进落实。为了使大课间活动彰显学生精气神，我们让各班两路纵队集合好后按顺序随音乐跑步入场，安全有序，非常壮观。各班主任思想重视，强调到位，全体学生良好习惯已经养成。

三、彰显特色，成绩显著

1. 精英队训练，扎实认真

杨浦小学重视规范化的早间训练，派遣专人检查教师的出勤、学生的组织等情况，并及时反馈异常情况，进而在考核中评出等级。从现有情况来看，相关教师有了明显的进步，迟到现象基本没有了。此外，我们学校还涌现出一批惜时如金、训练高效的老师，他们用心付出，学生兴趣浓厚，为早上的校园增添了无穷的活力，彰显我校阳光体育的特色。

2. 各级活动，精彩展示

（1）校春季运动会，一展风采

在一年一度的校春季运动会上，学生个人项目和学校集体的特色项目分别得到了精彩的展示，学校也对优胜班级进行了加分奖励，从而激发了全员参与运动的热情，增强了班级的凝聚力，也使得师生的校园文化生活更加丰富多彩。

（2）市级篮球赛，成绩突出

杨浦小学也鼓励学生积极参加上海市小学生篮球比赛，这不仅可以为学校赢得荣誉，还可以发扬我校的体育精神。

3. 学校首支校足球队开训

每学期第一周，学校便会对足球活动进行精心安排。这种活动不仅能够助力足球走进校园，也能够在参与学生中选拔出精英战队，并由其带动全校足球运动的普及。

阳光体育的稳步推行，凝聚着全体师生的心血和智慧，大家能够齐心协力使阳光体育变得愈来愈精彩。阳光体育，我们永远在路上。

第二节
博雅同行：人文艺术活动

近年来，我校坚持以美的教育理念为指导，全力发展学校的人文艺术教育，深入推进人文艺术教育相关课程的改革。在多年的努力下，学校音乐、美术开课率为 100%，且有很多非人文艺术学科的教师能够将人文艺术教育渗透在学科教学中，通过欣赏、表演等各种形式丰富课堂教学，提高学生艺术修养。学校通过艺术教学培养学生的艺术兴趣，开阔学生的文化艺术视野，提高艺术修养，陶冶情操，形成热爱艺术的情感意向以及基本的音乐、美术能力和审美能力，促进学生的全面发展。在这些纷繁复杂的课程中，针对三年级学生的身心发展特点，学校精心设计和组织开展的以"览百年杨浦，扬爱国精神"为主题的教育活动是其中最具代表性和影响力的活动。在这一活动中，学校充分利用杨浦区的文化资源，通过探究法、感悟法、畅想法等主要形式，使学生在活动中感悟，在探究中学习，在体验中畅想，深切了解杨浦区的历史文化，感受改革发展给杨浦区带来的巨大变化，进而激发了学生对杨浦区的认同感、自豪感以及"爱祖国、爱上海、爱杨浦"的美好情感。

本节重点选取"览百年杨浦，扬爱国精神"活动作为学校人文教育工作的代表，并详述如下：

一、思路与目标

（一）活动设计思路

我校坚持突出育人宗旨，面向全体学生，开展健康向上、符合小学生身心特点的知识性活动，在结合重大节日庆典活动的基础上，对学生开展爱国主义和集体主义教育。在这方面，杨浦小学的思路是从培养学生认识家乡、热爱家乡的感情做起，进一步引导学生热爱自己的祖国，并以此为切入口，开展"览百年杨浦，扬爱国精神"系列活动，鼓励学生带着问题、带着任务走出课堂，通过寻访、实践、探究等形式，在亲眼目睹、亲耳倾听、亲历实践中，去了解杨浦的历史、文化、美食，在感叹杨浦快速发展的同时，更看到祖国的发展，激发"爱上海、爱家乡、爱杨浦"的情怀。此外，学校还注重组织小组成果展示活动，并通过星光舞台、科技制作等比赛，给学生提供展示特长的机会，激发学生加入到保护社区、建设社区的行列中的热情。

杨浦小学的家乡文化活动每年侧重的主题不同。每次活动前，学校的领导小组反复商讨活动计划，确定符合学生年龄特点、深受大家喜爱的活动项目，并充分做好活动的准备工作，旨在鼓励全校师生积极参加，充分展示自己才能和个性。

（二）活动目标

通过活动，让学生进一步了解自己学习、生活的环境，了解杨浦的百年历史文化，感受杨浦日新月异的变化，增强对杨浦的认同感，从而激发学生热爱家乡的情感。

通过活动，让学生感悟在经济快速发展和城市现代化进程步伐不断加快的今天，传承文化，发展经济，构建和谐是我们共同的意愿，激发学生积极投身保护社区、建设社区的行列中的热情。

通过活动，增强学生的实践能力，开阔学生的视野，培养团队精神，发挥个性特长，进而提升学生的文明素养与道德感知力。

二、过程与方法

（一）活动过程

1. 准备阶段（2015 年 3 月 9 日——2015 年 3 月 13 日）

（1）组织、成立活动领导小组（校外辅导员、队长、学生代表），制订活动实施方案，征求家长、队长、学生的意见，对活动方案进行完善，并向校德育室作汇报。

（2）在任课老师、学生、家长、社区层面进行活动的宣传动员，说明本次活动的目的、内容、方式，进一步明确任务与要求，以期得到各方的支持与配合。

（3）以班级小队为单位，分别从不同角度探究百年杨浦。民主评选出组长，由活动工作小组成员担任指导，并聘请社区人士与家长代表作为校外辅导员，协助活动的开展。

（4）准备好活动所需的摄像机、数码相机等设备，联系相关部门负责人，取得他们的支持与配合，预约参观时间等。

2. 实施阶段（2015 年 3 月 14 日——2015 年 4 月 10 日）

（1）加深了解，激发兴趣

通过观看《百年杨浦》宣传片，让学生对自己学校地处的杨浦区有了全新的认识，激发他们进一步探究的兴趣。

（2）小队讨论，明确任务

组织召开班内"览百年杨浦，扬爱国精神"主题活动动员大会，指导学生自由组建小队，并根据学校提供的活动清单选择共同感兴趣的内容，确定主题活动的探究任务，拟定探究任务书，制订活动方案，聘请指导教师，通过寻访、摄影、上网、查看书籍等途径，收集与主题活动相关的一切信息。

（3）实践体验，升华感悟

集体参观：以班级为单位，由班主任带队，组织学生参观杨浦水厂、杨浦图书馆等教育基地。

分组探寻：以小队为单位，结合各自选择的探究主题及探究任务，在小队长的带领下，校外辅导员（邀请两位家长担任）的协助下，进一步展开关于杨浦区百年大学的探究。

表5-1　分组探寻百年杨浦

小队	主要探究任务	主要探究方法
闪电小队	行走复旦大学	实地考察 摄影 查阅资料 调查采访 信息收集与整理
闪电小队	绘制复旦大学地图	
云朵小队	行走复旦大学	
云朵小队	寻找复旦十景	
晴天小队	行走复旦大学	
晴天小队	参观复旦图书馆	
彩虹小队	行走复旦大学	
彩虹小队	参观复旦校史馆	
雨滴小队	行走复旦大学	
雨滴小队	采访复旦大学生	
全部小队	开展小队活动	
全部小队	制作、展示成果	

（4）处理信息，形成成果

在探寻的基础上，各小队立足自己的探究主题，借助上网、查阅书籍、采访、摄影等方式，结合所看、所听、所探、所想、所悟，整理笔记，处理信息，撰写报告，布置展板，制作 DVD……最终形成各小队"览百年杨浦，扬爱国精神"主题活动的成果。

（5）出谋划策，构想蓝图

在寻访、探究之后，针对破坏杨浦的种种不良行为，组织学生出谋划策进行干预，如设计杨浦未来的发展蓝图，开展"未来杨浦"想象画比赛，对环境治理献计献策，为建设未来现代化的杨浦出金点子。

3. 总结阶段（2015 年 4 月 11 日——2015 年 4 月 20 日）

（1）举行成果展示会，集中汇总学生活动相关的文字、图片、图像等资料，展示学生的绘画、征文等作品。

（2）召开活动总结会，对活动中表现优秀的学生、家长进行表彰，并为活动的持续推进作准备。

（二）活动方法

1. 探寻法：探究百年杨浦，了解文化

（1）实地游览，并通过网络、书籍、采访等途径，了解杨浦区百年工业、百年市政。

（2）通过摄、写、探、议等方式，探究杨浦区百年大学的特色。

2. 感悟法：走近大学，感受骄傲

（1）举办小型展览会，用图片、模型、小报等方式，呈现百年大学的文化、历史。

（2）寻找百年大学的变化。

（3）召开探究寻访交流会，交流百年大学的荣耀与文化。

3. 畅想法：情系杨浦，构想蓝图

（1）面对破坏杨浦的种种不良行为，组织学生出谋划策进行干预。

（2）为建设未来现代化的杨浦出金点子。

（3）设计杨浦未来的发展蓝图，开展"未来杨浦"想象画比赛。

（4）写一篇《我与杨浦同成长》的征文。

4. 评价法：多元评价，提升成效

（1）自我评价

以"星星榜"的形式，从参与活动的积极性、小队合作的默契性、活动过程中的组织性与纪律性、信息收集与处理的有效性等角度，引导学生实施自我评价。

表 5-2　自我评价"星星榜"

评价指标	自我评价
我积极参与"览百年杨浦，扬爱国精神"主题活动	☆ ☆ ☆ ☆ ☆
我在实地游览考察过程中，能遵守纪律，听从指导老师的安排	☆ ☆ ☆ ☆ ☆
在完成探究任务的过程中，我与小队成员能合作默契	☆ ☆ ☆ ☆ ☆
我们小队的成果展示形式新颖，内容丰富	☆ ☆ ☆ ☆ ☆

（2）成果评价

以评选"最佳小研究成果"的形式，奖励学生参加"览百年杨浦，扬爱国精神"的活动。此外，将学生制作的展板、电子小报、杨浦建设金点子等在班级板报、校园橱窗、网站、校刊上展示、发表，辐射爱国主义教育的思想。

三、活动反思

（一）活动成功之处

通过实践活动，学生深切了解了杨浦的历史文化，感受到了杨浦的巨大变化，增强了对社区的认同感，对家乡建设新成就的自豪感。在实践活动中，全体学生不仅拓宽了视野，增加了社会见识，还增强了友好互助的友谊。活动中，通过学生的走访调查、实践体验、亲身感悟，避免了说教式的教育，使得教育形式更贴近学生，增强了活动的针对性与实效性，提升了教育的效果。

（二）有待改进之处

1. 对学生的了解不足。小学生的知识结构与年龄特征导致他们活动热情很高，但活动能力欠佳，如有的设计不出一份像样的活动任务书，有的连研究成果的语句都写不通顺，有的在活动中缺乏自我约束，有的缺乏交往与合作能力……只有充分了解学生，才能给予恰当的引导与督促。

2. 教师指导能力有待提升。具体来说，在引导学生选择问题、设计方案、收集信息、整理资料、展示成果、进行评价等方面，教师还需提升指导能力，切实发挥指导者的作用，从而达到主题教育活动应有的育人目标。

3. 经费投入力度不够。虽然学校相关器材和教具比较多，但远远不能满足活动需要。

4. 校园文化建设还不到位，作品整体质量不高，不注重过程资料和作品的积累。

针对以上不足，我校会力争上下统一思想，提高对学校人文艺术教育工作的认识，从点滴小事做起，在完成上级相关规定任务之外，创造性地开展自选类人文艺术教育，力争学校人文艺术教育工作全面提升。

（三）后续工作安排

1. 从杨浦区走出去，拓宽活动面。

2. 通过课题研究，纵深推进活动，让学生进一步意识到建设家乡的责任，树立奋斗目标。

实践证明，以生活的社区为实践点的"览百年杨浦，扬爱国精神"主题教育活动对我们进一步开展中华优秀传统文化教育，践行社会主义核心价值观教育的推进作用不容忽视。这次的主题活动是一次尝试和探索，今后，学校将在此基础上，将实践活动的触角延伸至更广阔的范围，使爱国主义精神进一步在学生内心扎根、发芽。

第三节
身心共育：学生德育活动及成长案例

杨浦小学的德育主旋律仍然是好习惯养成教育。为进一步深化好习惯教育，更好地推动德育教育过程，丰富德育教育内容，提高学生思想素质和行为习惯水平，学校注重"礼、让"教育，鼓励学生争做"四好少年"，提倡"每个学生要做的25件事"教育，并做到有目的、有计划地开展德育主题教育，使得德育教育与养成教育融为一体。各主题教育活动强调学生参与，让学生在自定目标、自我评价、相互评价的过程中，提高认识水平。在多年的实践经验中，为了更加科学地规划不同年龄段学生道德教育的具体目标与方法，学校设计了德育活动课程，紧紧围绕中华传统美德，依托重要节日开展活动，为学生的成长搭设阶梯，以此来提高学校德育活动的有效性。

为了达成"打造文明、自信、快乐的杨小人"这一目的，学校围绕着"我努力，我能行"这一宗旨开展德育创建活动，通过在教育实践中创新办学思路，创新德育活动的方法和形式，创新德育评价体系等手段，全面提升师生的精神风貌和学校的人文内涵，进而创建和谐、文明、快乐的校园。因此，学校总结出了小学阶段德育活动的总体培养目标，即：

爱：培养爱祖国、爱身边的每一个人的可爱杨小星。

理：培养知书达礼、彬彬有礼的可爱杨小星。

信：培养诚实守信、富有责任感的可爱杨小星。

和：培养懂得合作、关心集体的可爱杨小星。

志：培养志向高远、热爱生活的可爱杨小星。

一、一年级——爱

一年级学生刚刚入学，还未养成良好的学习习惯，也不理解很多抽象的概念和道理，因此，德育活动要体现生动性、趣味性，要多设计能够动手动脑的活动，丰富学生的情感体验，增强学生的学习兴趣。杨浦小学将这一阶段的教学工作重点放在培养对小学的认同感与集体归属感上，因此这一阶段的德育活动的目标是：爱红星、爱师长、爱学习、爱同学、爱劳动。其具体活动如表5-3所示：

表 5-3　一年级德育主题活动

活动主题	我是小学生，我是绿苗苗			
月份	活动内容	主题目标	行为目标	活动形式
九月	以年级组为单位，召开形式生动活泼的入学典礼，对新生提出希望及要求。	帮助学生进入新角色，喜爱新学校。	1. 认识校徽，做个健康、懂事、聪明的可爱少年。 2. 能认真参加仪式的排练和准备。 3. 投入、愉快地参加仪式。	家长开放活动。
	学习在校一日常规，并于九月底进行"常规小问卷"评比活动。	开展小学生行为规范教育，使学生逐步熟悉小学生活，明确学校要求。	1. 了解学校一日常规基本要求。 2. 能从图片中分辨出正确和错误的做法。 3. 能根据图中显示的时间、地点，做出适宜的行为。	各班自行开展。
十月	开展"争做最亮一颗星"入团系列活动，在小辅导员的带领下，争取"苗苗章"。	明确加入小红星儿童团的"五知三会"（知道团的名称、领导、目标、旗帜、标志的意义；学会敬团礼、呼号、戴绿领巾。）	1. 积极认真学习儿童团知识。 2. 团礼姿势正确。 3. 知道绿领巾的正确佩戴方法。 4. 呼号正确、响亮。	友谊班结对活动。
十一月	开展小红星儿童团建团仪式，学生光荣加入小红星儿童团，增强其自豪感。	小结学生进入小学以来的进步，提出更高的希望和要求。	1. 积极认真参加建团仪式排练。 2. 仪式过程中，精神饱满，遵守纪律。 3. 入学以来，行为习惯有进步。	家长开放日活动。

活动主题	我是小学生，我是绿苗苗			
月份	活动内容	主题目标	行为目标	活动形式
十二月	开展广播操、踏步、排队比赛，以小组为单位，组内练习，班内组织比赛，评出优胜组和优胜者。	加强体育锻炼，体现良好的精神面貌，增强集体荣誉感。	1. 排队时，能有意识地主动和同学对齐。 2. 队伍里做到不讲话，听指挥。 3. 学会广播操。	班级活动。
三月	开展"妈妈爱我，我爱妈妈"活动，摸摸妈妈的手，对妈妈说一句悄悄话，为妈妈做一件事，体会妈妈的辛劳。	体会亲情，学会感恩。	1. 在家听妈妈的话。 2. 记录妈妈为家辛劳的三件事。 3. 在活动中，借老师的手机给妈妈打电话，表达对妈妈的爱。	班会课。
四月	开展"我和伙伴去春游"活动，活动前进行友爱、互助、谦让教育；活动后再夸夸我的好朋友。	体会同学之间的友情，感受班级集体的团结，逐步学习与人交往的能力。	1. 队伍中和同伴手牵手。 2. 能说出跟同伴在一起时的快乐事。 3. 活动中不争抢，不吵架。	春游活动及班会课。
五月	开展"我有一双灵巧的手"活动，在班中进行系鞋带、理书包、做家务等项目的比赛，班内优胜者参加年级组比赛。	锻炼自理能力，树立自己事自己做的观念。	1. 台板、橱柜保持整齐有序。 2. 每天自己整理书包。 3. 每天自己起床、穿衣。 4. 每天做一件家务。	年级组比赛活动。

活动主题	我是小学生，我是绿苗苗			
月份	活动内容	主题目标	行为目标	活动形式
六月	开展"我是好学生"上课规范评比活动，由小组学生相互监督评价，班会上小结表彰。	明确课前准备及课堂规范的要求，懂得认真听讲的重要性。	1. 有正确的读写姿势。 2. 积极争取课堂纪律形象币。 3. 积极争取课堂参与形象币。	班会课。

二、二年级——理

二年级是小学阶段中行为习惯初步形成的关键时期。在此阶段，要加强基本的道德品质的培养，注意行为习惯的养成。因此，杨浦小学从"礼"和"理"两方面出发，将"学礼、明理、行礼、懂理"结合在一起，着重培养文明礼貌、知书达理的学生。其具体活动如表5-4所示：

表5-4 二年级德育主题活动

活动主题	敬礼，红领巾			
月份	活动内容	主题目标	行为目标	活动形式
九月至十一月	开展"坐立行，有规矩"活动，先教育，后比赛，持续一段时间后再评比表扬。	坐如钟、立如松、行如风，通过长期的训练，逐步使之内化为学生的一种习惯。	1. 有正确的读写姿势，争取"读写姿势"形象币。 2. 排队迅速、整齐，站立时像一棵松，争取"小松树"形象币。 3. 精神饱满，动作有力，争取"广播操"形象币。	班级评比，年级表彰。

活动主题	敬礼，红领巾			
月份	活动内容	主题目标	行为目标	活动形式
十月	开展"礼貌用语大收集"活动，将收集来的礼貌用语以小品、板报等形式在班中进行宣传。	使学生能有意识地经常使用礼貌用语，在班中形成良好的氛围。	1. 知道礼貌用语。 2. 对同学能经常使用礼貌用语。 3. 不讲粗话。	班会课、班级活动。
十一月	开展"我有小岗位"活动，落实一人一岗，一岗双责（清理之责、管理之责），评选最佳小岗位。	树立学生的责任意识，同时培养其劳动观念和尊重他人劳动的观念。	1. 明确自己的岗位。 2. 为自己的岗位制订岗位职责。 3. 做好自己的岗位之事，争取"小岗位"形象币。	班会课、班级活动。
十二月	开展"贺卡寄祝福"活动，为亲人、朋友、师长送出一份新年祝福，在班会课上，评选出最温馨的祝福、最感人的祝福、最期待的祝福等。	培养学生学会表达自己的情感，懂得感激别人的给予，知道尽力实现别人的期待。	1. 用贺卡等来表达新年的礼节。 2. 知道如何写恰当的祝福语。	元旦庆祝活动。
一月至三月	开展"找找身边的礼节"活动，按小提示要求，在过新年时感受并学习各种礼节，开学后以各种形式进行交流，并完成小测试。	知礼仪、懂礼仪、学礼仪。	1. 能认真去了解身边的某一项礼仪或礼节。 2. 和同学交流自己了解的礼仪或礼节，相互学习。	校内外活动。

活动主题	敬礼，红领巾			
月份	活动内容	主题目标	行为目标	活动形式
四月	开展"星星火炬引我行"入队系列活动，在小辅导员带领下，争取"星星火炬章"。	完成加入少先队的项目	1. 会正确系红领巾。 2. 会敬标准的队礼。 3. 会正确的唱队歌。	友谊班结对活动。
五月	开展"中国少年先锋队"建队仪式，学生戴上鲜艳的红领巾，增强其自信心。	为学生提出更高的目标，肯定其获得的成功，鼓励其不断进步	1. 积极热情地参加仪式活动。 2. 在某一项行为习惯上进步明显。 3. 认真积极完成入队前的任务。	家长开放活动。
六月	开展"火眼金睛找找'茬'"活动，相互提建议和希望，明确努力方向，布置"许愿树"。	进一步了解自身缺点，制订近阶段目标，努力改正。	1. 对照标准，找找自己的不足。 2. 虚心听取他人的意见和批评。 3. 用真诚的态度和礼貌的用语向同学提出建议和希望。	班队会、年级组联合队会。

三、三年级——信

三年级的学生步入了十岁这一成长关键期，从儿童逐渐成为少年。我们抓住"十岁生日"这一契机，围绕"成长"这一主题，渗透各种品德教育、行为教育，引导他们初步形成健康的人生观。本阶段教育活动的目标是：怀有感恩之情，树立责任意识。因此，在活动中，杨浦小学倡导教师能够发现学生的良好表现，并对相关行为给予鼓励或赞扬，如热爱班集体，经常为集体做好事的学生；维护集体荣誉，热心做好文明劝导员的学生；勤奋学习，坚持每天按时完成作业的学生，等等。其具体活动如表5–5所示：

表5–5　三年级德育主题活动

活动主题	十岁的我，长大的我			
月份	活动内容	主题目标	行为目标	活动形式
九月	开展"人生的路标"活动，交流讨论我喜欢的人生格言，将座右铭布置在教室里，形成朝气向上的氛围。	通过寻找、理解、介绍自己的座右铭，来帮助学生树立真确的人生观。	1. 认真参与活动。2. 认真聆听其他同学的交流。3. 学会将座右铭化为行动。	班会课。
十月至十一月	开展"相信我能行"活动，讨论：如果父母不在身边，该怎么办？跟父母做个约定，改掉一个依赖父母的习惯。	懂得并学会帮助身边的人。	1. 做己所能及的事，不依赖父母。2. 做事态度积极，主动地减少对父母的过度依赖。3. 通过努力，基本改掉一种依赖父母的习惯。	班会课。
十二月	开展"我的十岁生日"主题庆祝活动，通过展风采、同分享、许心愿、报恩情等环节，集体庆祝十岁生日。	看到自己的成长，发现自己的进步，懂得长大后的责任。	1. 能关注自己的仪表形象，着装端正。2. 在仪式中，表现出彬彬有礼，举止大方。	班会课、年级活动、家长开放活动。
三月	开展"与问题交朋友"活动，看一则爱提问的伟人的故事，并写一篇读后感。	思考"怎样才能成为善于思考的人"，明白"学而不思则罔"的道理。	1. 能独立完成任务。2. 遇到困难，能独立思考。	班会课，年级组比赛活动。

活动主题	十岁的我，长大的我			
月份	活动内容	主题目标	行为目标	活动形式
四月	开展"头脑大比拼活动"，测测自己是不是爱动脑筋的人。	培养学生的"质疑"精神和积极思考的学习习惯，提高学生的质疑能力。	1. 能和他人协作，参与竞赛。 2. 在合作中，发挥作用。	年级组竞赛活动。
五月	开展"成长的烦恼"活动，写出让自己感到烦恼的事，并把同伴的烦恼带回家，和家长沟通、探讨如何帮助同伴；举行"你有烦恼我帮你"解答会。	通过互换烦恼，帮助学生彼此了解，增进同学之间的友情。	1. 愿意倾听他人的烦恼。 2. 愿意将自己和他人的烦恼告诉家长。 3. 如果有解决烦恼的办法，愿意主动说出。	班级活动，班会课。
六月	开展"感谢父亲"活动，以各种行动向父亲表达心中的爱，并写一封信给父亲，说说自己的心里话，并深刻体味父亲的回信。	学会怎样与长辈沟通，学会理解长辈的想法，努力实现长辈的心愿。	1. 愿意主动与父母沟通。 2. 学会照顾体贴父母长辈。	班会课。

四、四年级——和

通过四年级一系列的活动，将社会主义核心价值观观教育深入到学生生活的方方面面，并将其延伸到社会、家庭中，让学生从活动中认识自我，学会与人交往，懂得团队合作的重要性。因此，在这一阶段，杨浦小学倡导教师应当注重在班集体中树立出好榜样，注重举办一些评比班级"四好少年"的活动。所谓"四好少年",即争当热爱祖国、理想远大的好少年;争当勤奋学习、追求上进的好少年;争当品德优良、团结友爱的好少年;争当体魄强健、活泼开朗的好少年。

教师应将争当"四好少年"的标准具体到少先队员每天的生活、学习中去,具体化为真实鲜活的事例和少先队员可学的榜样,充分发挥榜样的示范作用,并汇总上报。其具体活动如表5-6所示:

表5-6　四年级德育主题活动

活动主题	做文明社会人			
月份	活动内容	主题目标	行为目标	活动形式
九月	开展"家事国事天下事,事事关心"活动,班级形成每周新闻播报制度,利用晨会、早读等时间,了解社会热点,关心时事。	培养学生关注社会热点,关心社会新闻的习惯。	1. 能主动关心身边事。 2. 愿意与他人分享新闻。 3. 能独立为新闻播报做好准备工作。	年级组活动。
十月	开展"父母带我看世界"活动,谈谈我眼中的社会,听听父母口中的社会,比比不同,想想自己当前为适应社会作何准备。	从父母的口中,初步了解社会,为自己能够融入社会,成为合格的小公民作准备。	1. 能认真地与父母探讨问题。 2. 主动发表自己对好公民的看法。	班会课、家长开放活动。
十二月	开展"祖国在心中"活动,进行歌唱祖国的合唱歌曲比赛。	加深对祖国的热爱之情。	1. 能背5—10句讲君子之行的诗句。 2. 结合自己的言行,简单说出诗句的意义。	班级排练活动、年级展示活动、全校观摩活动。

活动主题	做文明社会人			
月份	活动内容	主题目标	行为目标	活动形式
三月	开展"雷锋，我们向您学什么？"讨论活动，成立学习雷锋活动小组，在校内共同讨论"向雷锋学什么？""今天，我们怎样做？"，然后付诸行动，实践体验，写一篇体验日记，在班级中交流。	学习雷锋精神要从自己做起，从身边小事做起，发扬雷锋的优秀品质，锻炼学生的社会实践能力，学会关注社会现象。	1. 能参加"小小雷锋在行动"活动。 2. 日记能反映自己服务他人的亲身感受。	班会课。
四月	开展"社会生活小调查"活动，对社会生活中某一现象进行调查，设计问卷、统计表，并能得出结论，写一篇调查小报告，出一份小报等。	关心、关注社会生活，对社会上一些不文明的、有待改变的现象提出自己的看法和意见。	1. 能参与小队活动，与他人合作完成任务。 2. 能分析正确和错误的现象。	班级交流活动。
五月	开展"劳动最光荣"活动，进行一次劳动技能大比拼，如穿衣、扫地、拖地等平时最基本的劳动。	通过活动，让学生认识到劳动的重要性，自觉发扬中华民族刻苦耐劳的精神，养成热爱劳动的良好习惯，树立正确的劳动观念。	1. 有比较娴熟的劳动技能。 2. 在家能每天承担一项家务劳动。	班级初赛、年级决赛。
六月	开展"懂礼仪，讲文明，做社会现代人"活动，以班级为单位，分别从"敬、律、真、美"四个礼仪要素，说一说，赛一赛，议一议。	了解文明礼仪的重要性，懂得做一个文明人的基本要求。	1. 能关注自己的进校、课堂、用餐、课间的礼仪。 2. 有比较正确的是非观。	班会课。

五、五年级——志

面临毕业，五年级的学生有着较大的学习压力，也开始产生了寻求所谓的自由、平等的思想，但很不成熟。因此，明理、勤奋、团结、负责是这一阶段德育教育的重点。其具体活动如表5-7所示：

表5-7　五年级德育主题活动

活动主题	毕业之歌			
月份	活动内容	主题目标	行为目标	活动形式
九月	开展"我和弟弟妹妹手牵手"系列活动，完成"五个一"，即上一堂在校常规课，出一期板报，扫一次教室，做一次游戏，争取一个奖章。	明白身正为范的道理，为弟弟妹妹树立榜样。	1. 有成为弟弟妹妹榜样的行动和想法。 2. 认真做一件事，体现榜样作用。	友谊班交流结队活动。
十月	开展"学习这点儿事"辩论赛，针对学习上的一些有争议的问题，展开有组织的讨论。	端正学习观，努力学习，为毕业做好准备	1. 设定明确的学习目标。 2. 有一定的上进心，求竞争。 3. 能帮助伙伴同进步。	年级集会。
十二月	开展"我的理想"演讲赛，交流怎样才能成为一名合格的小学毕业生。	树立远大理想，并决心为实现理想而努力	1. 有初步的正确的人生观，求上进。 2. 认真完成讲演稿。	年级集会。

活动主题	毕业之歌			
月份	活动内容	主题目标	行为目标	活动形式
五月	开展"永远的记忆！"毕业留言簿赠言评选活动，评选出最感人的赠言、最温馨的赠言、最写实的赠言、最风趣的赠言等	感受同窗之间的友谊以及深厚的感情。	1. 为 10 个以上的朋友填写毕业册。 2. 留下 10 个以上朋友的联系方式。	班会课
六月	开展"再会，母校！"毕业典礼，回顾小学生活的点点滴滴，憧憬未来的学习生活。	表达对母校、老师、家长、伙伴的感激之情和难忘之情，立志为自己加油，为母校增光。	1. 认真参加毕业典礼的准备工作。 2. 在毕业典礼上，用一种方式表达自己对母校的感情	年级集会。

　　过去的教学实践中，学校很少考虑到将德育教育的观念渗透进课堂中，因此，基于多年的实践经验，杨浦小学拟于未来的教学实践中开展微笑进课堂的活动，旨在为学生们打造快乐课堂。在教学的过程中，教师需要运用互动合作、教学语言、教学组织、教学节奏控制以及课堂评价等去构建属于自己的快乐课堂，落实"三带进"的宗旨，即将微笑带进课堂，将宽容带进课堂，将激励带进课堂，争取对学生多一分笑容，少一点动怒；多一分鼓励，少一点埋怨；多一分表扬，少一点批评，让学生学得舒心，学得有信心，提高学习的有效性。学校拟从以下三个环节去实践这一宗旨：

　　（1）微笑进校园，微笑进课堂活动，打造学校微笑生态文化。

　　（2）"礼仪伴我行"教育实践活动，规范学生礼仪，培养文明的礼仪习惯，展示自信、快乐的精神风貌。

（3）"榜样在身边"教育实践活动，发现身边的好人好事，树榜样，立自信，扬正气，引导鼓励学生争优竞优，形成良好的校风。

综上所述，杨浦小学的德育活动可以被视为学校精神文明建设的重要组成部分，是塑造学校形象、培育师生良好素质的一项基础性工作，也是促进学校内涵发展的关键方面。因此，学校要将教育实践活动作为加强德育建设的一个重要抓手，广泛动员、积极引导学生，提高学生的文明素养，展示良好的形象。教师要引导师生增强文明、自信的意识，自觉参与教育实践活动，从仪容仪表、言谈举止、待人接物等方面做起，培养和提高自身素质。我们只要善于总结经验，从师生的实际出发，突出自身特色，创造性地开展好各项活动，持之以恒地抓下去，一定会在这项工作上取得显著效果的。

第六章

机遇与挑战并存，未来蓝图可期

　　言不可尽信，必揆诸理；事未可遽行，必问诸心。在探索的道路上，我们时常会遇到付出了时间、精力却仍遭失败，幻想一步成功却毫无收获的时刻。在失败面前，我们会痛苦迷茫、彷徨畏缩。通往成功的道路是漆黑的、孤独的，充满了荆棘和坎坷，没有人能随随便便成功，需要你心中永远有一盏灯，并有勇气大胆地去闯。在探索创新型小学教育的路上，杨浦小学披荆斩棘、铺路架桥，从未止步。

第一节
机遇与挑战

一、互联网＋教育模式对教学活动的冲击

信息化技术已经渗透到教育领域中的各个方面，教育领域的信息化正以无可阻挡的趋势悄悄发生着。互联网＋教育不仅仅催生了网络课程，更重要的是，它让整个学校课程从组织结构到基本内容都发生了巨大变化。正是因为拥有海量资源的互联网的存在，才使得中小学各学科课程内容能够全面拓展与更新，适合中小学生的诸多前沿知识能够及时地进入课堂，成为学生的精神套餐，课程内容艺术化、生活化也变成现实。

杨浦小学的互联网＋教育旨在根据每个学生的身心发展的特点和实际能力，在满足其兴趣爱好的基础上进行合理的德育和智育教学，实现自主的个性化学习。因此，多年来，学校致力于直观、有趣的教学，在探索翻转课堂模式方面积累了丰富的经验。

（一）网络互动教学系统使教学更加有效率

网络互动教学系统高度整合电子白板、实物提示机与 IRS 系统，支持 IES 云端学生名单，大大提高了教学效率。以下是教师运用最多的几项功能。

1. IRS 系统，也叫 IRS 即时反馈系统。教师推送题目到学生端，学生通过 IRS 反馈器做题并提交到教师端，教师通过系统自动生成的图表了解还有哪些同学没有掌握此知识点，再进行课堂的调节。IRS 系统大大提高了课堂效率，而且反馈更加真实。

2. 小组积分器。老师可以根据分组情况自己设定组别,小组当中有成员参与了课堂互动,老师便为此组加星,课堂结束统计各组得分情况。根据得分情况,可以看出哪些组积极性高,哪些组参与度不够。这大大提高了学生的积极性,使课堂变得更加活跃。

3. 抢答器。老师推送一道题后,学生通过抢答器来获得答题权。这一环节使学生注意力最为集中,生怕自己比别人动作慢半拍,课堂效果可想而知。

4. 倒计时钟。老师在布置一项任务的时候会规定相应的时间,调出倒计时钟,学生需在规定时间内完成任务。学生通过倒计时钟清楚自己还有多少时间,小组分工会更加明确,上课时间得到充分的利用。

(二)微课和翻转课堂

微课是基于教学设计思想,使用多媒体技术,在五分钟左右时间就一个知识点进行针对性讲解的一段音频或视频。在教育教学中,微课所讲授的内容呈点状、碎片化的特点,这些知识点可以是教材解读、题型精讲、考点归纳,也可以是方法传授、教学经验等技能方面的讲解和展示。微课是课堂教学的有效补充,它不仅适合移动学习时代知识的传播,也适合学习者个性化、深度学习的需求。翻转课堂正好利用微课的特性,让学生对某一知识点进行预先学习,老师再根据预习情况有针对性地讲解,这使得课堂效率大大提高,学生不仅在课堂上占据主动地位,而且在课前和课后也是主动学习者。与传统的教学相比,这种模式更有利于学生的发展和对知识的牢固掌握。

(三)智慧课堂助力学校成长

放眼全国,走在未来课堂前列的小学已经很多取得了丰富的经验和丰硕的研究成果。例如,成都师范银都紫藤小学早于 2015 年 9 月 1 日就开始实践智慧课堂,使得醍摩豆(TEAM Model)教学专家系统覆盖学校所有班级、学科,实现了智慧教学的常态化,短短几年便成了成都人民心中理想的学校。因此,杨浦小学也将"互联网 + 课堂教学 = 智慧课堂"

的理念纳入未来规划中，并在日常的教学实践中对这一理念不断细化、完善，在架构"扬帆谱梦"活力课程体系的历程中不断整合现有的教育资源，不断完善学校拓展型课程和研究型课程体系，让学生在享受丰富体验的同时发现兴趣、张扬个性，帮助学生扬起成长的风帆，自信地开始人生的旅程。

总之，互联网＋教学背景下形成的网络教学平台、网络教学系统、网络教学资源、网络教学软件、网络教学视频大大提高了课堂效率。正是因为互联网技术的发展，以先学后教为特征的"翻转课堂"才真正成为现实。同时，通过互联网，教学中的师生互动完全突破了课堂上的时空限制，学生可以随时随地与同伴沟通，与老师交流。在互联网＋教学中，教师不再居高临下地灌输知识，更多的是为学生提供资源的链接，并能即时给予指导。

二、人工智能＋教育模式对教学活动的冲击

在党中央、国务院关于发展人工智能各项政策的引导下，近年来，人工智能教育呈现出了蓬勃发展之势。在高等教育领域，高校纷纷设立人工智能学院，创设人工智能专业；在基础教育领域，人工智能教育不仅受到教育行政部门的普遍重视，中小学校也纷纷引入各种人工智能教育项目，开发相关课程、教材；众多科技教育企业也将其视为自身发展的机遇，投入大量资金、技术和人力。

大力发展人工智能技术已经成为国家战略需要，基础教育应责无旁贷地顺应国家发展和时代发展的需要。青少年是未来社会发展的生力军和中坚力量，青少年时期是兴趣养成和世界观形成的关键时期。在基础教育领域，应切实有效地开展人工智能教育，提升青少年对人工智能发展现状和研究前沿的认知水平，加深对人工智能所蕴含的技术思想和技术原理的理解，帮助青少年树立投身人工智能事业的志向，从而更好地适应人工智能时代的生活。

（一）国内中小学人工智能教育现状

1. 国家课程

2003 年，高中信息技术学科选修模块正式写入教育部颁布的《普通高中技术课程标准（试行）》。由于当时技术发展水平和普及程度不高，师资条件欠缺，课程内容设置不够合理等多种原因，高中信息技术人工智能选修模块在全国范围内开设状况不佳。在《普通高中信息技术课程标准》（2017 年版）中，人工智能相关内容不仅在选修模块内专门设置，在必修模块中也有所涉及。因此，人工智能成为高中信息技术国家课程的组成部分已是既定事实。

信息技术课程是信息技术教育的重要载体，也是教育信息化建设的主要内容之一，是信息技术与教学应用深度结合的基本保障。人工智能课程与信息技术课程内容高度重叠，信息技术课程大部分教学内容是人工智能课程内容的基础。经过调整、完善、优化的信息技术课程作为人工智能相关课程的主要部分，这被广大一线教师和教研人员所认同，也是让人工智能教育面向全体学生的有效途径。

我国中小学信息技术教育始于 20 世纪 80 年代初，迄今已有约 40 年的历史，大致可以分成三个阶段：计算机教育的实验阶段（1982 年至 1990年）、计算机课程的形成与发展阶段（1991 年至 1999 年）、信息技术课程全面发展阶段（2000 年至今）。

早期计算机教育的内容以程序设计为主，教育目标定位在普及计算机文化。随着信息技术的发展，计算机功能的增加，以及日常生活和学校各学科教育需求的变化，信息技术教育目标逐步发展到对计算机应用意识、能力以及信息素养的培养，信息技术课程的综合性、工具性、人文性得到充分体现。信息技术教育内容曾经一度以计算机基本操作和应用计算机软件解决学生日常生活和学习中的常见问题为主。

2003 年，《普通高中技术课程标准（试行）》将"人工智能初步"与"多媒体技术应用""网络技术应用""数据管理技术"并列纳入高中信息技术课程的选修模块。经教育部审定的五套全国发行的高中信息技术教材均包括"人工智能初步"选修模块。《普通高中信息技术课程标准》（2017 年版）

在原课程标准的基础上进行了大幅修订，以信息意识、计算思维、数字化学习与创新、信息社会责任四个学科核心素养，以及数据、算法、信息系统、信息社会四个学科大概念为依据，对课程目标、课程结构、教学内容进行重新架构。在人工智能技术领域，不仅保留了"人工智能初步"选修模块，在必修模块中也增加了与人工智能相关的内容。

2. 校本课程和校内教育活动

在学校开展的各类教育教学活动中，有些与人工智能技术紧密相关，有些仅在内容上有少许关联，但目标、形式上差距较大。由于人们对人工智能教育的内涵、外延没有清晰、统一的认识，这些教育教学活动与人工智能的关系难以被严格、准确地界定。

（1）以"人工智能教育"命名的相关教育活动

2017年7月，国务院印发的《新一代人工智能发展规划》对基础教育提出了"实施全民智能教育项目，在中小学阶段设置人工智能相关课程，逐步推广编程教育"的要求。2018年4月，教育部印发《高等学校人工智能创新行动计划》，进一步明确要"构建人工智能多层次教育体系，在中小学阶段引入人工智能普及教育"。两个文件极大地推动了以人工智能相关课程为代表的人工智能教育在基础教育领域的开展。2018年成为中小学人工智能教育爆发式增长的重要一年。

杨浦小学将在了解中小学人工智能教育发展的基础上，将大数据作为人工智能教材的核心内容，重点致力于某一项或某几项人工智能的技术体验，探索出符合杨浦小学实际情况的具体发展道路。

（2）以"机器人教育"命名的相关教育活动

2000前后，随着教育部在全国中小学普及信息技术教育，开设信息技术必修课，实施"校校通"工程，"机器人教育"逐渐风靡国内的中小学。杨浦小学决定从机器人结构搭建、传感器应用、程序编制、创意项目设计等方面开拓自己的创意性课程，并通过课外兴趣小组、学生社团等形式，以"机器人教育"为载体，开展人工智能教育。

（4）以"创客教育"命名的相关教育活动

创客一词源于英文 maker。创客是热衷于创意、设计、制造的个人设计制造群体，包括软件发展者、艺术家、设计师等诸多领域的代表，以用户创新为核心理念。杨浦小学的未来也将借助于创客教育（maker education），以"在创造中学习"为主要学习方式，以培养各类创新型人才为目的，将融合信息技术应用于小学的教育教学工作中，并发展出适合本校实际情况的一种新型教育模式。创客教育活动依托某一种电脑开源硬件（如"arduino""micro：bit""掌控板""树莓派"等），并在此基础上开展创意设计和作品开发，为培养学生的创新精神和实践能力提供了有效路径。

3. 相关学科竞赛活动

各类相关学科竞赛是与信息技术课程的发展同步进行的。从 20 世纪 80 年代开始，全国范围内已经出现了"中小学生程序设计大赛""信息学奥林匹克竞赛""全国青少年计算机考试（简称少儿 NIT）"。2000 年，教育部开始举办"全国中小学生电脑作品制作活动"，这类与信息技术教育相关的科技创新竞赛活动在很大程度上促进了信息技术的普及和提高，促进了人工智能教育的发展。

（二）实践人工智能教育时遇到的问题和挑战

在人工智能教育实践的过程中，在杨浦小学在取得成绩之时，也遇到了问题。

1. 顶层设计问题

在基础教育阶段，人工智能相关课程目前还处于发展初期，其内容框架、知识体系尚未建立。在高校现有的学科体系下，人工智能相关关键技术——计算机图形学、机器学习、自然语言处理、语音识别，大多是在计算机应用技术、软件工程、电子通信工程等一级学科中学习，人工智能尚未形成自己独有的课程体系，存在高开低走、碎片化、低水平重复的问题。在基础教育阶段，因为对人工智能概念认识不清，有些教育行政部门领导甚至教育专家，都会将人工智能技术与程序设计混为一谈，导致"人工智能是个筐，什么都能往里装"的现象比比皆是。在小学阶段，人工智能相关的课程虽然依托大学资源，同时得益于物联网、大数据、云计算等技术，但也存在脱离相关技术支持而失去发展根基的现象；但若将人工智能技术外延扩展到所有相关领域，人工智能技术又将失去发展主攻方向，因此，我们需在顶层层面厘清这些模糊问题的边界，才能更好地发展人工智能教育。

顶层要思考的问题包括但不限于人工智能教育与现有的信息技术教育、编程教育、智能机器人教育、STEM 教育、创客教育概念的关系。小学阶段学生需要学习哪些板块？不同板块的内容之间有什么区别和联系？人工智能相关课程应该以怎样的形态存在？只有在顶层设计好这些问题，我们才能将人工智能教育落到实处。

2. 教学方式问题

人工智能技术中的许多代表性内容，如模式识别、知识表示、智能搜索、推理、规划，机器学习、深度神经网络、专家系统、自然语言处理等等，其技术核心均是以"大数据＋深度学习"为标识的人工智能算法，但这些算法深奥晦涩，小学生需要拥有深厚的知识基础和能力储备，因此在学生基础不明的情况下很难推进；还有一个问题，便是在基础教育阶段如何将人工智能技术的工作过程可视化，让学生把"黑匣子"打开，看到其中究竟，这不是一朝一夕可以解决的。

纵观当前有些学校、机构的做法，有的将大学的教学方式照搬到中小学，各种复杂的公式、生涩的概念满堂硬灌，课堂毫无趣味，学生如听天书；有的则完全相反，教学内容只关注应用、体验，完全不涉及人工智能技术的基本原理、思想、方法，课堂热热闹闹，学生收获寥寥。

3. 师资问题

在实践的过程中，学校发现，师资队伍建设是人工智能相关课程发展的核心问题。承担人工智能课程教学任务的主体无疑会是中小学信息技术教师。在学校日常工作中，他们承担了大量的事务性、技术服务性工作，教学只是他们的"副业"，业务学习时间精力不够，工作成就感不强，队伍不稳定。人工智能处在信息科技发展的最前沿，一线信息技术教师普遍没有接受过专业培训，需要投入大量时间、精力进行学习，而相关的学习资源、教学案例又极匮乏，教师从事相关内容教学困难重重。

4. 装备问题

人工智能课程的顺利开展，缺不了必要的教学装备的支持。人工智能课程需要什么样的装备？如何才能做到少花钱多办事？如何提高人工智能教育装备性价比？有许多问题还需要深入研究。目前，小学信息技术必修课教学环境尚不能满足教学需求，设备更新跟不上，学校人工智能实验室和相关设备配备目前几乎还是空白。

5. 课时问题

作为一门国家课程，信息技术课程在学校课程体系中始终没有得到充分重视，课时数量少且不能得到保障，是其教育价值没有得到充分发挥的重要原因。部分地区的中学因为英语学科的口语考试、机房改造等因素，给信息技术学科教学造成障碍，如为满足备考、测试、考场封闭、监考、数据留存等考试要求，大量信息技术课时被挤占。

总体而言，在杨浦小学学生的负担不断加重的现实情况下，想从传统考试学科中抢得课时完全没有可能。另外，从地方、校本课程中安排课时，又要受各种条件、学校特色发展思路限制的情况下，信息技术课程无法做到全面普及。

如何克服这些障碍形成合力，是杨浦小学在实践人工智能教育的过程中亟待要解决的主要问题。

（三）对人工智能教育的思考

人工智能教育中的诸多问题需要经过长期不懈的研究、探索和实践才能得到解决。如何持续有效推进人工智能教育？在工作思路上，我们是否应该多调研和总结前人的经验？是否应该将更多时间和精力放在寻找和解决实际问题上？是否应该在"下先手棋"的同时，也别忘记补强自己的弱棋？杨浦小学需要深入思考这些问题，并力求在未来的教学实践中做得更好。

三、全球化 + 教育模式对教学活动的冲击

随着全球化经济的到来，传统小学教育模式已无法满足时代的需求，创新思维培养成为一种新兴的教育方式，并逐步普遍应用于小学教育教学

之中。目前，我国教育正在进行着一场深刻的改革，国家对小学教育也越来越重视，创新思维培养在小学教育中的地位越加重要。通过创新思维培养，实现小学教育创新，对正处于启蒙教育中的小学生来说，对其创造力和想象力的发展有着重要影响。

（一）全球化背景下教育创新思维的培养

小学教育的创新思维培养对学生的观察力训练、空间思维的培养、想象力和创新力的提高有着十分关键的作用。开设创新课程，不仅有利于学生思维的开阔和创新能力的培养，而且能够发展学生的感知和形象思维能力，促进学生个性化发展和全面发展。

教育的最终目的是为社会培养全面发展、综合能力强，能够适应社会发展需要的高素质劳动型人才。因此，在教育实践中，杨浦小学以提高教学质量为目标，在转变传统教育模式的基础上，优化教学内容，革新教学理念，增加新的教学方式方法，全面提高教育质量。

（二）全球化背景下学生创新思维的培养

在全球化背景下，只有发展学生的创新思维，才能跟上时代的步伐，而小学教育阶段是培养学生创新思维的重要阶段。

在教学实践中，学校致力于开阔学生思维，培养学生的创新能力，为社会输入创新人才。杨浦小学注重引导学生进行独立思考，用启发式教学的手段拓宽学生的思路，培养学生的创新思维。

第二节
未来蓝图构想

为进一步深入学习和实践科学发展观，理清办学思路，明确办学方向，加快发展步伐，创建文化特色校园，结合国家教育发展目标及上海市教育的发展要求，杨浦小学决定以小班化教育为主体模式，以参与教育为基本策略，以探究学习为主攻方向，以信息技术为有效手段，以新课程建设为新的生长点，努力把学校办成具有科学的教育理念、优秀的教师群体、先进的教学设施、优美的校园环境、一流办学质量的现代化学校。具体而言，学校发展思路和框架构想如下。

一、指导思想

杨浦小学以"落实科学发展观""构建和谐社会、和谐教育"为重要指导思想，以全面贯彻国家教育政策及方针为原则，以全面实施素质教育、深化课程改革为契机，以树特色、创品牌为核心，以用文化的方式发展生命化教育为切入点，以依法治校、以德管校、科研兴校、文化强校为宗旨，以高度的责任心提高办学水平，促进师生的全面和谐发展为使命，把学校办成学生成长的学园、家园和乐园。

二、目标蓝图

（一）总体目标

通过校园新建，改善办学条件，规范内部管理，优化师资队伍，深化课程改革，加强文化建设，全面推进素质教育的实施，加强学校设施建设，用文化和环境育人，力争把我校办成校园环境优美、文化氛围浓厚、教师素质优秀、教学质量优良、学生习惯良好、学生品德高尚的区域先进学校。

1. 聚焦发展主题

以社会需求为导向，探索社会主义核心价值观与学校教育的融合，确立学校青蓝和谐文化的内涵。

2. 实施公平教育

以增强特色为导向，依托信息技术和小班化教育改革成果，探索满足每一个学生学习和发展需求的优质教育。

3. 形成专业梯队

以"青蓝学堂"为导向，依托校本研修、项目化研究、梯队建设等，提升教师专业素养和师资队伍的整体水平。

4. 实现关键突破

以现实问题为导向，建构并完善小班化校本研修课程，引导教师准确解读国家统编和地区编制的新教材，形成杨浦小学小班化教学流派和风格。

5. 加强校园文化建设

树立文化立校的意识，在继承和发扬学校传统文化的基础上，不断加强学校文化建设，优化学校物质文化，完善学校制度文化，丰富学校精神文化，创建人文环境，用文化熏陶人，用环境影响人，把学校办成理想智慧的家园、成功愉悦的乐园、科学人文的花园、自主互动的学园。

6. 利用科研强校

杨浦小学要以新课程改革为动力，以教育科研为抓手，走主课题统摄下的小课题研究的道路，重点做好科研课题的申报、研究工作，整体推进各级科研、教研课题的进程，加大科研活动力度，提炼具有特色的科研成果，形成明显的学校教育特色，促进学校、教师、学生三位一体的协调发展。

7. 重视德育教育

将"用文化的方式发展生命化教育"作为德育内容、德育活动的方向，充分整合社区、家庭、学校三者的德育资源，加强养成教育、品质教育、感恩教育等，让学生在实践体验中内化道德素养，形成良好的行为规范。

8. 关注学生身心健康

学校认真贯彻"健康第一"的思想，切实提高学生的体质和健康水平。学校体育要保持特色，保证学生每天参加一小时户外活动；开展小型多样的体育比赛，保证学生体育达标率和合格率全部达标；加强心理健康教育，树立"健康第一"的理念。学校应有效控制各类疾病的传播，积极开设心理健康教育课，设立心理健康咨询室，确保学生身心发展状况良好。学校应关心师生身体健康，积极推广全民健身活动，用丰富的文体活动融洽人际关系，促进和谐校园建设。

（二）具体对策

为践行并实现杨浦小学发展蓝图，我们通过系统思考与整体设计，将总体目标分解为八大可操作、可检测的实施对策。

1. 确立青蓝和谐校园文化，深化核心内涵

将中国学生发展核心素养培育与学校教育相融合，完善学校青蓝和谐文化的内涵和外延。以"成长"为主题，探索中华优秀传统文化传承教育与小学德育的对接路径，并渗透于各学科教学之中，营造良好的校园文化氛围。通过基于"形象教育"为主线的行为规范教育，培养和树立良好的杨浦小学少年形象。

2. 架构"扬帆谱梦"的活力课程，整合教育资源

基于教育哲学、学生学习原理和各学科核心素养，统整、规划学校课程资源，设计形成校内外教育资源清单；完善学校拓展型课程和研究型课程体系，建设杨浦小学校本课程包；建构丰富的课程，让学生在享受丰富体验的同时，发现兴趣，张扬个性；为学生提供发扬长处、展现自我的平台，帮助学生扬起成长的风帆，自信地开始人生的旅程；在课程实践中，提炼和创新国家课程小班化实施策略、方法和路径。

3. 创设个性创智课堂，践行小班化教学理念

基于各个学科的核心素养和学科课程标准，依托现代信息技术，实行走班制、选课制；实施项目化学习，满足每一个学生的个性化学习需求；依据学习潜能和兴趣特长，创设个性创智课堂；基于学习中心和创新实验

室，孵化和培养学生创新意识和合作能力，发展核心素养践行小班化教学理念。

4. 完善研训课程，建设专业队伍

建设并实施小班化校本研修课程以及情绪管理研训课程，引导教师夯实学科知识和学科教学知识基础，认识和了解自我情绪管理相关知识；形成"青蓝讲堂"教研系列，丰富职初期教师研训内容，完善班主任专业能力培训，以微课程、工作坊模式，提升教师专业发展水平，帮助教师逐渐形成自己的教育教学特色和风格；依托教科研项目，培育区级骨干和学科带头人。此外，以"让教师与学校一起发展，让教师与学生共同成长"为目标，以师德教育为核心，以教师培养机制创新为动力，以教师培养活动为载体，遵循教师成长的规律，采取全方位、多途径的培训措施，聚焦内涵发展，提升教育品质，促进全体教师更新教育观念，更新知识能力结构，从而建设一支可持续发展的，具有创新精神和时代特征的，适应教育信息化、优质化要求的理论水平高、学科造诣深、业务技能精、科研能力强的教师队伍，为学校的持续发展奠定基础。

5. 规划"智慧校园"平台，发挥大数据功能

整合学校现有网络平台，发挥大数据功能，为学校发展提供真实、客观的依据。整体规划"智慧校园"平台，打造三大系统：评价管理系统、教学资源系统、教师研训系统，使之成为集资源、管理、应用、评价、发布等功能于一体的教育资源共享库、学校管理工作站、教育教学工具包、社会知晓微视窗。

6. 增强主体意识，加快学校发展的步伐

真正树立以人为本的工作理念，切实关心每一位教职工的身心发展与学习生活情况，为全体教师营造一个既让人心情舒畅又能严于律己，既利于扎实工作又能不断创新的环境，以充分调动全体教职员工工作的主动性和积极性。

7. 注重服务保障，增强学校发展后劲

增强服务意识，认真做好学校发展的后勤服务工作。重视现代教育技术的应用，积极开展各种形式的教师信息技术培训，推进数字校园建设；加

强后勤服务的管理,加大基础设施建设,完善各专用室的服务功能,为学校的协调发展提供后劲。

8. 坚持以科研为学校发展的动力

坚持问题即课题、教研为科研,勇于教育创新,提高教育质量和办学效益。

(1)积极开展课题研究,重点在课堂教学和校园文化建设上进行深入研究,形成学校教育特色。

(2)探索有效的课堂教学方式,深入研究与自主学习、探究学习、合作学习三种学习方式相适应的课堂教学方式、方法。

(3)加强教研活动课题化建设,围绕课题,突出主题,进行常规教研活动,实现教中有研、研中有教。

(4)完善学校现有的科研管理机制,如进一步规范课题研究管理,坚持学校主课题统摄下的小课题研究;采取多种措施,积极宣传取得的优秀科研成果。

三、未来研究设想

1. 进一步探寻互联网 + 环境下的课堂教学新范式

深入研究技术、工具和学习方式间的具体关系,找准彼此间的关键联结点,探寻互联网 + 环境下的课堂教学新范式,充分挖掘每一种现代教育工具的功能,让它在学科教学中发挥最大作用。

2. 进一步实现智慧学习,提升学习品质

技术与工具的应用最终指向人的发展,指向学生的智慧学习。进一步关注学生的个性张扬和创新品质的培养,不断地发现、开发和发展学生的智慧,从而促使每个孩子不同的智慧才华得到不同程度的发展,提升学习品质。

3. 进一步走出教与学最优化的新路径

通过加强现代教育资源与学科教学的有效整合,让技术助推教学,将课堂教学从课内向课外延伸,从单一向多元转变;让技术变革学习方式,拓宽学生学习的时空,最终达成教与学的最优化。

4. 进一步加强组织领导，做好宣传发动工作

增强发展意识，牢固树立科学的发展观，成立领导小组，积极做好学校规划的实施工作。每学年初，学校围绕中长期发展目标进行规划，制订出具体的实施意见，并把具体工作目标逐一落实下去。每学年结束前，学校对规划落实情况进行自查自评，及时总结规划实施成效。对没有落实的项目，要具体分析原因，提出整改意见，限期加以整改。

5. 进一步强化欣赏学生的意识，善于发现学生身上的美

需要注意的是，普通学生的闪光点比较容易被发现，而问题学生的闪光点则较难被发现。学生是成长发展中的人，伴随着成长，会有缺点、不足，甚至会犯比较严重的错误，但一定也会有体现真善美的闪光点，我们要学会欣赏学生。过去，我们常常是居高临下地俯视学生，常常是带着挑剔冷眼相看，尤其是看问题学生时，往往把问题放大了，把优点淡化了，满眼都是问题。我们只有怀着真情和热情去欣赏学生，走近学生，接触学生，了解学生，理解学生，才有可能走进学生的心灵世界，发现他们美的一面。

图书在版编目（CIP）数据

青蓝和谐：杨浦小学教育文化的回眸与展望 / 李忠著.
— 上海:上海教育出版社, 2021.5
ISBN 978-7-5720-0854-2

Ⅰ.①青… Ⅱ.①李… Ⅲ.①小学教育 – 教育研究 –
杨浦区 Ⅳ.①G622.0

中国版本图书馆CIP数据核字(2021)第085962号

策　　划　邹　楠
责任编辑　时　莉
装帧设计　赖玟伊

青蓝和谐：杨浦小学教育文化的回眸与展望
李　忠　著

出版发行	上海教育出版社有限公司
官　　网	www.seph.com.cn
地　　址	上海市永福路123号
邮　　编	200031
印　　刷	启东市人民印刷有限公司
开　　本	700×1000　1/16　印张 13.5
字　　数	200 千字
版　　次	2021年5月第1版
印　　次	2021年5月第1次印刷
书　　号	ISBN 978-7-5720-0854-2/G·0670
定　　价	59.80 元

如发现质量问题，读者可向本社调换　电话：021-64377165